铌钢情缘

付俊岩　著

北　京
冶金工业出版社
2017

内 容 提 要

本书主要分三个部分：第一部分“人生杂记”，是作者60多年来学习、生活与工作的回忆录，是在伴随新中国半个多世纪的历史巨变中，作者个人的真实经历和感受。改革开放以后，作者从一个铌金属元素的微合金化技术做起，在中国搭建了一个国际科技合作平台——中信微合金化技术中心，团结了国内外钢铁及其下游产业的科技人员，共同引领并推动了中国含铌高强度钢的发展。第二部分“情缘画册”，以大量历史照片记录了中信公司和巴西矿冶公司（CBMM）的技术贸易合作，在中国普及、推广和发展含铌钢微合金化技术的历史进程。第三部分“媒体报道”，收录了科普文章《铌金属和含铌钢的故事》及几篇媒体就中信公司在推广和发展含铌钢工作的报道。

图书在版编目(CIP)数据

铌钢情缘/付俊岩著.—北京：冶金工业出版社，2017.5

ISBN 978-7-5024-7501-7

Ⅰ.①铌…　Ⅱ.①付…　Ⅲ.①付俊岩—生平事迹　Ⅳ.①K826.16

中国版本图书馆CIP数据核字(2017)第080696号

出 版 人　谭学余
地　　址　北京市东城区嵩祝院北巷39号　邮编　100009　电话　(010)64027926
网　　址　www.cnmip.com.cn　电子信箱　yjcbs@cnmip.com.cn
策划编辑　任静波　责任编辑　于昕蕾　美术编辑　彭子赫　版式设计　孙跃红
责任校对　郑　娟　责任印制　李玉山
ISBN 978-7-5024-7501-7
冶金工业出版社出版发行；各地新华书店经销；北京通州皇家印刷厂印刷
2017年5月第1版，2017年5月第1次印刷
787mm×1092mm　1/16；13.5印张；275千字；207页
98.00 元

冶金工业出版社　投稿电话　(010)64027932　投稿信箱　tougao@cnmip.com.cn
冶金工业出版社营销中心　电话　(010)64044283　传真　(010)64027893
冶金书店　地址　北京市东四西大街46号(100010)　电话　(010)65289081(兼传真)
冶金工业出版社天猫旗舰店　yjgycbs.tmall.com

（本书如有印装质量问题，本社营销中心负责退换）

酸甜苦辣　人生百味（代序）

我是1940年7月在全国抗日的烽火中出生的，现代人称我们为“40后”。我在红旗下长大成为一名中国共产党党员，是新中国半个多世纪历史巨变的亲历者和见证人。在1950~1965年间的学生时代，虽然在新中国成立初期“以阶级斗争为纲”的年代，经历了“肃反”“抗美援朝”“三反”“五反”“反一贯道”“反右派”“反右倾”“反修防修”以及“人民公社”“大跃进”等一系列的政治运动和历史事件，以及三年困难时期的饥荒，但由于当时我们的年龄还小及工人家庭的出身，从未受到过任何政治影响。在党多年的教育下，心中充满着革命的激情，有为国家、党和人民服务的崇高理想。在“劳动与教育相结合”的教育方针下，培养了一生辛勤耐劳、实干进取的奋斗精神。因此，我的学生时代是很美好的。

1965年大学毕业后不久，在“文化大革命”初期，出于革命的热情，在冶金部钢铁研究院（后更名为钢铁研究总院）参与了“文化大革命”，还当了“造反派”头头儿。在“林彪事件”和粉碎“四人帮”之后，我很快从“文革”的曲折经历中汲取教训，决心不再盲目参与政治活动，静下心来，努力做好科研工作。中共十一届三中全会和改革开放为中国的真正崛起指引了方向，也改变了我们的人生。在钢铁研究总院的科研工作以及在美国匹兹堡大学进修过程中，逐步和现代含铌钢及铌微合金化技术结下了历史情缘。1988年加入中信公司后，在我的后大半生中，全身心地致力于推广、普及和发展中国含铌钢技术工作，创建了“中信铌钢发展奖励基金”和“中信微合金化技术中心”，团结了国内外钢铁及其下游行业的专家，搭建了一个国际科技合作平台，实施含铌钢“产、学、研、用”一体化技术合作与开发，有力地推动了中国含铌高强度钢的发展，为中国钢铁工业及国家经济建设做过一些很有意义的工作。

中信公司是改革开放的窗口，为我们的工作创造了广阔的平台。各级领导的关怀，巴西矿冶公司（CBMM）及国内钢铁和下游产业朋友们的支持与合作，以及中信金属公司铌技术团队的团结、敬业精神，始终是中信在引领和推进中国含铌钢微合金化技术发展中作出贡献的基石。相濡以沫60年的老伴王美兰对我工作的鼎力支持，是我一生最大的幸福。

我衷心感谢所有国内外的老朋友们！

一个40后的共产党员：

2017年1月16日于北京

目　　录

第一部分　人生杂记

第二部分　情缘画册

第三部分 媒体报道

第一部分

人生杂记

一、逝者如斯——简略的年表

1940 年

出生于辽宁省锦州市铁道北康宁街，原日本时期修建的铁路家属宿舍，父亲付成信是锦州铁路机务段的火车司机。此前，1931 年日本帝国主义“九一八事变”后侵占东北，1932 年建立伪政府“满洲国”。

1948 年

就读于锦州铁路小学。秋天，中国人民解放军第四野战军在辽沈战役中率先攻克锦州后，并一举解放东北。我家因在战火中住房被炮弹炸毁，母亲带我和妹妹坐舅舅赶来的驴车，从锦州向东，涉水渡过大凌河，来到辽宁省锦县石山镇北的丁家房村，在姥姥和舅舅家住了一年多。东北解放后，在辽宁省的农村中，呈现了一片欢乐庆祝、支援解放军前线、忙碌农活生产的新气象。在那太阳透过蓝天白云把阳光洒满大地的日子里，在那高低不平的丘陵地中或在菜园里跟着舅舅和舅妈们在地里干点农活的时光，农村生活给我留下很甜蜜的记忆。

1950 年

父亲调到天津铁路机务段工作。父亲在 20 世纪 50 年代还曾为朱德总司令的火车专列做过火车司机。全家也随父亲进关迁往了天津，住在海河边张自忠路和滨江道交口处的天津铁路 23 宿舍楼。如今，这里已经建成海河广场。我就读于天津铁路第四小学校二年级。

1952 年

在天津铁路四小加入中国共产主义少年先锋队，任大队长。

1954 年

小学毕业，考入天津铁路中学（扶轮中学）初中一年级 1 班，任班长，同年又加入中国共产主义青年团。我的老伴王美兰也在班里当文娱委员。从此我们相识，相知，相濡以沫，相伴一生，她始终是我学习、事业和家庭生活的支持者。

1957年

升入天津铁路中学，高中一年级4班，任班长。“反右”运动之后，全国教育实行“教育与劳动相结合”方针，学校办工厂。在1958年“人民公社”“大跃进”“大炼钢铁”的年代，学生们要参加各种社会劳动。在劳动中接受教育，学习社会知识。

1960年

考入北京钢铁工业学院特种冶金系/特种金属材料压力加工专业14-65班，任班长。老伴王美兰考入北京航空工业学院自动化专业。两校仅相隔一条马路——学院路。

1965年

9月，大学毕业，我被分配到冶金部钢铁研究院合金钢室。入院后，立即参加冶金部“四清”工作团，到郑州上街地区，在“冶金部第七冶金建设公司”的“四清”工作大队部工作三个月。

1966年

年初，“四清”运动结束，正式到合金钢研究室（六室）上班，在钢三高强度不锈钢研究组工作。爱人王美兰因父亲王树礼病危，毕业分配到天津105厂技术科。

8月，在“文化大革命”高潮中，参加“六五毕业生造反队”，随后加入“钢铁研究院革命造反联合总部”，并被推举为第二把手，主管宣传工作。

1967年

年初，文革“一月风暴”中，“革命造反联合总部”宣布对冶金部钢铁研究院“夺权”，陆院长被当成“走资派”打倒，各科室的领导也靠边站了，行政和党委工作瘫痪，钢研院处于无组织状态。

8月18日，造反派内部分裂，组成“818革命造反总部”，我又被推举为负责人。秋天，冶金部军代表组进驻了冶金部钢铁研究院，成立了以军代表、三派组织主要头头为代表，组成了“钢铁研究院革命委员会”，我作为“818”派的代表，被军代表选为“革委会”委员。

1969年

遵照中央“三线建设”及“靠山、分散、隐蔽”的方针，冶金部钢铁研究院奉命搬迁到四川江油县的山区。我和小王军代表带队，作为第一批三线建设的先遣队，到四川江油县后坝的长城特钢二分厂驻扎。

在林彪和“四人帮”的推动下北京开始“清查516反革命分子”的运动，冶金部钢铁研究院“革命造反联合总部”头头儿李某某等人进入“学习班”审查。年底，我也被调回北京，进入“学习班”接受审查。

1970 年

夏天，主动向军代表申请，到河南淮阳县冶金部五七干校，继续在学习班中。大部分时间和王敬庄生产队的老乡们一起在地里劳动。

1971 年

“913事件”林彪叛逃后，学习班结束，政治上平反了。

1972 年

被任命为合金钢室热处理车间负责人，领导热处理组进行车间设备改造和热处理作业的生产。

1973 年

党支部书记廖予群等人作为我的入党介绍人，报经院党委批准，我加入中国共产党，成为预备党员。

我爱人王美兰，在军代表王孟达的帮助下，从天津105厂调到冶金部钢铁研究院设计室工作，解决了我们长期两地分居的生活问题。当年，我爱人王美兰被拖延了七年的转正期问题也解决了，正式转正为中国共产党党员。

1974 年

预备期一年后，又经院党委批准，和其他同志一起宣誓后，成为一名正式的中国共产党党员。

1975 年

春天，邓小平同志恢复工作。遵照毛主席“抓革命，促生产”的指示，我被院里选派参加由冶金部军代表陈绍昆部长领导的“鞍钢工作组”，在鞍钢炼铁厂工作组工作。

秋天，工作组结束后不久，我接到冶金部人事司调令，调到冶金部科技司“科技处”工作，参与援外及对外技术交流工作。

1976年

春天，周总理逝世后，发生“四五”运动，广大青年学生和群众在天安门广场悼念周总理。

冶金部开始清理机关内部的“造反派”，我很委屈地离开了冶金部机关大楼，又回到冶金部钢铁研究院。

9月，伟大领袖毛主席去世后，华国锋、叶剑英同志代表中央政治局果断及时地粉碎了“四人帮”，十年“文革”动乱结束了。

1977年

在高强度不锈钢组和孟繁茂（红也）教授合作，继续参加军工课题长征二号火箭液氢液氧发动机外壁材料的研制课题，以及引进英国斯贝发动机12%Cr型抗蠕变马氏体不锈钢研制等课题工作。

1979年

5月，巴西CBMM公司和钢铁研究总院在北京民族饭店举办了首届含铌钢技术研讨会。之后，应东涛同志的邀请，我又从钢三室转到钢二室，加入东涛负责的管线钢课题组，承担了为宝钢热连轧厂生产含铌X70管线钢合金设计与工艺的预可行性研究的课题。从此，和微合金化技术与含铌钢结下不解情缘。

1983年

国家科委在上海召开全国低合金钢与合金钢大会，即“六五攻关”科研立项的会议。由我代表钢铁研究总院、武钢、宝鸡焊管厂联合攻关组，在大会做“X60/X65管线钢研发”立项报告，并被批准立项和资金支持。

1984年

12月下旬，经钢二室副主任吴宝榕教授推荐，报院党委批准，由巴西CBMM公司资助，我被选派到美国匹兹堡大学材料与工程学院进修，作访问学者从事含铌钢微合金化技术的研究。

1987年

夏天，从美国回到北京。在回国之前，首次接触秘增信同志，对中信有了认识。应巴西矿冶公司（CBMM）总裁卡马戈博士（Dr. Camargo）邀请，到巴西CBMM公司总部和Araxa矿山工厂参观访问，首次对铌资源、铌金属产品的生产有了深刻的了解。

1988 年

4 月 1 日，从钢研院调到中信集团中信兴业公司冶金处工作，在建国门外的国际大厦（昵称为巧克力大厦）成为一名中信人。在完成中德合资项目“30 万吨汽车用特殊钢棒线材项目”可行性研究后，曾有幸向荣毅仁董事长汇报过一次工作。

1989 年

11 月，走访宝钢、武钢、上海冶金局原材料处推销巴西铌铁后，首次和巴西 CBMM 的美国子公司（NPC）签订第一笔外贸进口 15t 铌铁的合同。

1990 年

春天，中信美国钢铁公司投产后，我和财务处的高念武同志一起被派到美国的中信钢厂工作。在中信美国钢铁公司作冶金工程师，负责冶金质量的技术工作，工作了一年半时间。并在钢厂首次接触了中信集团公司王军副总经理和中信兴业公司秦晓总经理。

1991 年

秋天，回到北京。11 月底，经荣毅仁董事长批准，成立了中信美国钢铁公司北京工作组，我为负责人，孙玉峰为工作组成员。

1992 年

春天，中信的京城大厦竣工了，中信公司总部和在京的子公司都搬进京城大厦。工作组也在京城大厦 12 层 1205 室租下一间办公室独立办公，成为在中信美国钢铁公司秘增信总经理直接领导下的北京办事处。

1993 年

我代表中信美国钢铁公司参加了冶金部“低合金钢协调组”（即如今的“中国金属学会低合金钢学术委员会”）的工作会议，并被增选为协调组理事。在这个平台上，和全国低合金钢的研究生产和应用单位的专家合作推广铌微合金化技术。孙玉峰申请去美国中信钢厂工作，刘宴龙从中信兴业公司冶金处调入北京工作组。

1994 年

组建“中信铌钢发展奖励基金”。在秘增信总经理支持下，经总公司王军董事长、秦晓总经理批准，由工作组出资 100 万元，建立了“中信铌钢发展奖励基金”。中信集团公司副总经理黄寄春为主任，冶金部吴溪淳副部长为副主任，我为常务副主任。开始以“中信铌钢发展奖励基金”和中信美国钢铁公司的名义开展铌微合金化的推广工作，开拓中国市场，为钢厂提供进口的巴西铌铁。

1996 年

11 月，组织“基金”管理委员会专家，召开首届“中信铌钢发展奖”评审会议，评出宝钢、武钢、钢研院、上钢三厂等单位的管线钢、大桥钢、船板钢等多个含铌钢的发展奖。

随着工作组业务增长与扩展，周宇新、赵志军、邱文光、谭燕、曹铁柱、谢丹青等陆续加入北京工作组。

1997 年

3 月 26~27 日，在北京京城大厦举办了首届“中信铌钢发展奖励基金”颁奖大会和“含铌钢技术国际研讨会”。冶金部刘琪部长、中信王军董事长、中国工程院王淀佐副院长、宝钢沈成孝总经理等 150 多位领导和专家，巴西 CBMM 鲍迪依及德国著名冶金专家克劳斯·胡尔卡（Klaus Hulks）等外国专家出席会议。

1998 年

5 月，在上海市政府，徐匡迪市长会见中信金属和巴西 CBMM 代表团，并访问了宝钢。

8 月，在巴西，中信和巴西 CBMM 公司，双方正式签订了中信在中国市场独家代理和技术服务的协议。由此，中信和巴西 CBMM 公司开始了双方贸易和技术市场开发的全面合作。

秋天，孙玉峰从美国回到北京工作组，由我做介绍人成为中国共产党预备党员。秘增信回国，任中信集团公司副总经理。

1999 年

根据王军董事长的指示，在秘总的领导下，北京工作组开始对在 1989 年之后从原康华集团并入中信的已资不抵债的原中信金属公司进行全面整合，重新组建成了今天的中信集团一级子公司中信金属有限公司，我被任命为公司法人总经理。

中信为卡马戈博士成功申报了“外国专家友谊奖”和“中华人民共和国国际科技合作奖”。在京城大厦俱乐部举办庆祝酒会，我们邀请了科技部朱丽兰部长、国防科工委刘积斌主任、中国工程院王淀佐副院长、师昌绪院士等领导为卡马戈博士颁发了“国际科技合作奖”。

2000 年

9 月，在京城大厦举办“新世纪铌-微合金化钢发展前景”国际研讨会，工程院师昌绪院士、金属学会翁宇庆院士、美国 RMC 公司 Harry Stuart 博士等出席大会。

11 月 27 日，经王军董事长和孔丹总经理签发批准，在原“奖励基金”的基础上成立了中信微合金化技术中心。集团公司副总经理秘增信为主任，邀请中国钢铁工业协会会长吴溪淳副部长为副主任，我还为常务副主任主持具体工作。

经国家经贸部批准，中信金属公司获得独立进出口权。

首次，在马钢技术中心设立含铌热轧 H 型钢开发课题以满足马钢 H 型钢出口与北美市场的技术质量要求。

2001 年

4 月，在京城大厦，举办了“中信微合金化技术中心”成立大会暨含铌钢国际研讨会。中心在保留“铌钢发展奖”的同时，增设了“中信铌钢优秀论文奖”。首次设立“中信铌钢 R&D 研发项目”，并分别在北京科技大学、东北大学、北京钢铁研究总院设立了“中信铌钢研究生奖学金”。首次出版《微合金化技术》杂志（季刊）取代原来的《铌钢快讯》，王军董事长和中国钢铁工业协会吴溪淳副部长为创刊题词。

同年夏天，应中信王军董事长邀请，巴西前总统卢拉先生在竞选巴西下届总统前率领巴西劳工党高层代表团访华。我负责全程接待和协调组织代表团的访华行程。

2002 年

和新成立的中信网络公司合作，首次建立中信金属公司网站 www. metal. citic. com，专门在网站里设立了“含铌钢微合金技术”资料库。

夏天，首次在北京会议中心举办“中信铌钢优秀论文颁奖大会”，中国工程院院长徐匡迪院士应邀出席颁奖大会，并做了大会学术报告。

当年，中信为巴西 CBMM 公司的鲍迪依先生成功申报“外国专家友谊奖”。

2003 年

年初，我 63 岁了，主动写报告辞掉中信金属公司法人总经理职务。孙玉峰接任总经理，我被总公司任命为中信金属公司的董事长（正局级）。

8 月，中信组团（郭爱民、郑磊、赵文忠、邱文光等）参加巴西 CBMM 主办的首届“HTP 技术”国际研讨会。中信开始在北京科技大学和钢铁研究总院设立 HTP-X80 管线钢 R&D 课题，逐步推广低碳-高铌的微合金化技术，开发 X80 管线钢。

10 月，中信与马钢合作举办首届“铌微合金化钢在连铸连轧生产线应用技术国际研讨会”。

2004 年

1 月，总公司人事部为我办理了退休手续。作为中信微合金化技术中心常务副主任依然坚持在京城大厦上班和工作。

夏天，和 CBMM 合作，邀请美国、日本专家在太原举办“首届超纯铁素体不锈钢国际技术讲座”，并陪同外国专家访问了上海宝钢不锈钢公司。开始在国内推广含铌铁素体不锈钢技术，编译技术资料并多次参加不锈钢协会、学会的学术会议，介绍国外含铌铁素体不锈钢发展状况。

2005 年

中信在南京钢厂首次举办“X80 管线钢与 HTP 技术”国际讲座，并连续五年在香山饭店、长城饭店、昆仑饭店、廊坊等地举办了多次“天然气管线工程用 X80 管线钢及应用技术”国际研讨会。在“中心”设立了多项 X80 管线钢的 R&D 项目，为 2008 年全面建设我国西气东输二线管线工程建设用 X80 钢的国产化做技术和生产准备。

12 月初，中信首次与中国汽车工程学会合作，组团（葛松林、柏建仁、王利、杨雄飞等）参加在巴西 ARAXA 举办的首届“汽车用铌微合金化钢”国际研讨会，逐步开启中国汽车轻量化的工程。

当年，铌铁消费量增长到 8110t，客户增到 144 家，含铌钢年产量近 1700 万吨，首次成为世界含铌钢产量第一的国家。

2006 年

2 月，中信组织有十六位专家的代表团（重点钢厂、钢管厂、研究院所），参加在巴西 CBMM 主办的“石油天然气管道工程技术和及微合金化钢国际研讨会”。

6 月，中信组建了“汽车排气系统用铁素体不锈钢国产化”联合攻关组。并连续多年和中国不锈钢协会合作举办“现代铁素体不锈钢”国际研讨会，设立 R&D 项目，开发了 439M 等多个新型铁素体不锈钢取代进口钢材，有力地推动了中国现代 400 系超纯铁素体不锈钢的快速发展。

2007 年

中石油开始筹建西气东输二线工程，中石油北京规划院和西安管材院对是否可以应用高等级 X80 管线钢开展可行性研究。

中信和 CBMM 分别在长城饭店和中石油科技发展部合作举办了“新世纪高等级管线钢及钢管生产技术国际研讨会”，在西安和管材院合作举办“X80 高压输气管道断裂控制技术国际研讨会”。

中信协调组织中石油规划院和管材院专家组赴美国夏延管线工程现场考察，由美国管线钢专家 J. M. Gray 博士和 CBMM 的鲍迪依先生全程陪同参观访问了美国夏延 X80 管道工程，协助中石油专家顺利完成二线建设采用 X80 管线钢的可行性研究报告，并修订了原有的管线钢技术条件，允许采用低碳-高铌（0.11%Nb）的 HTP 技术生产 X80 管线钢，为二线建设用钢国产化创造了必要条件。

2008 年

西气东输二线开始建设，北京奥运场馆、中央电视台、首都新机场、公铁路大桥等大型钢结构的建设及汽车工业大发展，极大地带动了含铌微合金钢的需求。全国铌铁消费量增长到 18100t（其中管线钢消费比例占 35%），高强度含铌钢年产量近 4000 万吨，继续保持世界第一。

2009 年

10 月，中信在京举办了“纪念中国含铌钢技术发展 30 周年”庆祝大会。王军、王淀佐、吴溪淳、干勇、秘增信等领导，以及 CBMM 代表和多个行业的专家参加庆祝大会。中信专门制作了金银质的纪念章，感谢各行业的朋友们长期合作及对中国含铌钢发展作出的贡献。同时由我任主编，由冶金工业出版社出版了《铌钢春秋》一书，图文并茂地记录了改革开发之后，在中信微合金化技术中心这个国际科技合作的平台下，全国钢铁和下游产业的朋友们紧密合作，共同为中国经济建设大发展，为中国钢铁工业和含铌钢技术发展作出贡献 30 年的光辉历程。

2010 年

70 周岁时，公司孙玉峰总经理找我谈话，我真的要退休了。在中信、巴西 CBMM 及国内钢铁及其下游产业的老朋友们一起为我退休和生日的祝福中，离开京城大厦的办公室回家了。作为技术中心的名誉主任及顾问，就不再做具体工作了。但是，我还协助总工程师郭爱民同志工作了一段时间，我还继续关注着含铌钢的技术发展，时而参加一些技术活动。

二、学生时代的美好时光

在天津的铁路小学和中学

在 1950 年全家随父亲迁往天津后，我就读天津铁路第四小学校。每天清晨，要和同伴一起从和平区，靠海河边的张自忠路和滨江道交口的铁路 23 宿舍楼（如今，那一大片已变成美丽的海河广场），步行过解放桥，经过六号门铁路货场，往河东区唐家口地道东南角，紧靠铁路线的学校上学，每天要走十几公里的路。

1952 年，我加入中国共产主义少年先锋队，任大队长。班主任华明翰老师，也是教我吹长笛的启蒙老师。学校每周一都要举行升国旗仪式，需要鼓乐队小号手，我又学会吹马号，小乐队为升旗仪式伴奏。还在老师的领导下，每月一次，步行到天津东北角古文化街的娘娘庙集市，为学校小卖部采购一些小食品和文具等。

下午放学较早时，我通常和住在河东区的张奎英等同学一起过唐家口地道，走李地大街，到老天津站北边的河东市场转一转，那里有摆地摊、耍戏法、练武术、说评书的，很像北京老天桥市场一样热闹。有时，我还会花一毛钱听听单田芳先生的评书“雍正剑侠图”，然后再过地道，走解放桥回家。

1953 年，抗美援朝战争结束了，中国人民志愿军陆续回国。出于对“最可爱的人——志愿军战士”的热爱，我有幸认识了中国人民志愿军高射炮部队的一位排长沈梅诚同志，并成为很好的朋友，听他讲朝鲜战争和“阿妈尼的故事”。驻军次年迁往山东曲阜，第二年由山东迁往武汉，我都被邀请到曲阜和武汉驻地去看望过他。我们一直保持联系，1958 年台海局势紧张，该部队迁往福建前线后联系减少了，在“文化大革命”动乱中失去联系。

1954 年，我小学毕业，考入天津铁路中学。同年加入中国共产主义青年团。1957 年又继续在铁中读高中。我和老伴王美兰从初一起，始终都在一个班里，我当班长，她当学习或文娱委员。从此我们相濡以沫，相伴一生，她始终是我事业和家庭生活的支持者。

1957年，和志愿军朋友沈梅诚在武汉合影

中学时代王美兰

中学时代付俊岩

天津铁路中学（原天津扶轮中学）位于河北区吕纬路93号，是有近百年历史的铁路职工子弟学校。“中华民国”七年（1918年）二月，在北京成立了“铁路同人教育会”，交通部次长叶恭焯为会长，总工程师詹天佑等人为董事，决定以“扶轮公学”为

天津铁路中学（原天津扶轮中学）南教学楼

校名创办天津扶轮中学。是年夏天，在天津建成两座用青石条砌成的大楼，并投入使用。南楼为教学楼。北楼为办公兼宿舍楼，至今仍是该校标志性建筑。后来，在全国各地主要铁路枢纽的铁路局所在地也陆续建立了铁路小学、中学。

天津铁路中学初三 1 班足球队在天津铁路宁园合影

天津铁路中学的同学们大多是京沈、京汉、京包和津浦四条铁路沿线的铁路员工子弟，入学就住在北楼集体宿舍，在校排队吃食堂，一起学习和生活。同学们纯真、朴实、吃苦耐劳的天性，积极向上、充满革命理想的精神，始终使这个学校大家庭充满了欢乐与友爱。那时，学校的课余活动还是很丰富的，除正常的按时起床后的晨练，下午四点后体育锻炼外，还组织班级足球队比赛，成立民乐队、舞蹈队、话剧队（火烧赵家楼）、军事射击队和电报员培训班等业余活动。我既是足球队的左前锋，也是民乐队的成员之一，长笛、月琴、琵琶、扬琴都可以，偶尔也会为班里舞蹈队的表演伴奏。学校课余生活很丰富，并不想家，都只是在寒暑假才回家。在“文革”以前，铁路员工及家属都可以享受每年每个家庭 12 张火车票免票的福利。

1957 年社会上“反右”运动后，学校实施毛主席“教育与劳动相结合”的教育方针，同学们在学习课程与考试之外，还要求在校内参加校办工厂（油墨/拔丝等车间）的劳动；在校外参加天津北站铁路货场煤车的卸货（抬煤等），春耕和麦收季节要到北仓农场或下乡到宜兴阜的农村劳动。尤其是在 1958 年大跃进的年代里，每年春耕和麦收季节，全班同学在班主任老师带领下都要下乡，与老乡同吃同住参加农业劳动，收割小麦，深翻土地（要挖地三十多公分深）。那可是高强度的劳动，一顿午饭，我和梁福贵等同学都可以吃掉二斤肉龙卷。天津市改造海河的时候，男女同学要下到海河床下的水中挖泥，用扁担挑起泥土筐上岸，很是辛苦。大炼钢铁土法上马的时候，同学们更是挑灯夜战，收集废钢铁，筑土炉加热，锤打成铁坯块，为大炼钢铁“赶英超美”，为“1070”万吨钢做一点“贡献”。在高中时，我每月的粮食定量增为 46 斤。

1960 年夏，高考后在等待大学入学通知书的日子里，全体毕业生还在校参加了学校东侧建新教室的土建劳动，当年大操场东侧一排崭新平房教室成为我们 60 届高中毕业生献给母校的礼物。

回想起来，高中时期的劳动是多了一点。但是，劳动并没有影响大家的学习质量，却锻炼了同学们的筋骨和意志，增强了同学间的友爱和团队精神以及对社会、对工作的责任感、事业心。这正是我们这一代人（40 后）所具备的特有素质。如今，我们这些 40 后的老同志心中有很多的怀念，大都是怀念在中学时代的美好时光。尤其是，每当下乡下厂参加劳动的时候，全班同学背着行李，排着长队，迈着整齐的步伐，一路高歌"我们都是游击队""保卫黄河""打靶归来""我是一个兵""雄赳赳，气昂昂跨过鸭绿江"等革命歌曲，一路欢笑声。这样充实的中学生时代多么美好。

在北京钢铁工业学院

1960 年，我考入北京钢铁工业学院，老伴王美兰考入北京航空工业学院，两校仅相隔一条马路（学院路）。我被分配在特种冶金系特种金属材料压力加工专业 14-65 班，又担任了五年班长。

大学时代付俊岩

在北京钢铁工业学院主楼

入学后，新生们要参加一个月的劳动，我们 14-65 班和轧 65 专业的四个班一起在校内轧钢厂倒班劳动。在轧钢车间，我在轧机上曾担任轧钢手，用大轧钳夹住从加热炉出来的方型钢坯，送进轧机第一个开坯孔型中开始轧钢，火红的钢坯在特定的孔型中反复轧制成约十几米长的扁钢，这是我真正成为钢铁工业一名冶金工程师的开始。从此，我和钢铁工业结下50多年的不解之缘。

在大学的五年中，在学习冶金与材料知识的同时，在每年下厂实习中，还到过抚顺特钢厂的棒线材轧钢车间及太原钢厂二轧厂生产硅钢片的二辊劳特式轧机劳动实习。1965年春，又到上钢三厂四辊不锈钢轧钢车间做毕业实习，并完成了毕业论文。在生产实践的学习中，也逐渐加深了对钢铁事业的热爱与理解。

在五年大学期间，我们还经历了国家“三年困难时期”，粮食月定量为30斤，供应紧张，常常要饿肚子，吃“革新糕”和发黑的白菜干汤，还要坚持学习与劳动。

在毕业前夕，北京市委在北京工人体育馆，召开高校应届毕业生万人大会。彭真同志做了“党中央关于全面开展社会主义教育运动”动员报告，要求在大学校园里的应届高校毕业生中，也要掀起了一场“思想清理”“斗私批修”的运动。一时间，在学校的各个系的每个班级里，以阶级斗争为纲，“清理思想”与“斗私批修”的自我检查不断，偶尔也有对个别人的“批私斗修会”，甚至连在困难时期在饭卡上偷偷涂改了几两粮票的事都要上纲到“自私和小资产阶级思想意识”的阶级斗争的纲上。最后，这些书面的检查材料也都被收进个人档案，随同毕业生到了新工作单位了，让不少同学的心里蒙上了一层不愉快的阴影。

在北京钢铁学院16斋宿舍和同学一起出班报

三、在冶金部钢铁研究院及“文革”中的曲折经历

1965 年 9 月我大学毕业了。毕业前的“思想清理和斗私批修运动”让同学们树立了服从国家分配的意识。我和多数同学在第一志愿填写了服从国家分配，我的第二志愿填写了新建的长城特殊钢厂，最后我被分配到冶金部钢铁研究总院工作。当时，这是一个由北京卫戍区警卫连保卫的中央直属事业保密单位，是亚洲最大的钢铁工业新材料和工艺技术的研究院。

1966~1976 年“文化大革命”期间，是我一生中既有轰轰烈烈，又有痛苦磨难，大起大落，经历最为曲折的十年。

冶金部钢铁研究院工作期间的付俊岩

冶金部钢铁研究院工作期间在钢研院 5 号楼前

参加冶金部“四清”工作团

1965 年秋，入院后第一件事，是参加冶金部组织的“社会主义教育”的“四清”工作队。当年有六十多位从全国高校毕业分配到院的大学生，在院政治部组织

冶金部钢铁研究院工作期间，在钢院主楼顶层和同事合影

冶金部钢铁研究院工作期间和宣传部同事在主楼前合影

下，立即参加由吕东部长亲自带队的“四清”工作团，我被分配到河南省郑州市上街地区的郑州铝厂，冶金部原军工办主任吴路清为队长，在冶金部第七冶金建设公司的“四清”工作大队部做信访办工作，负责接待职工来访，整理来访信件和查访等事宜。

第一个科研课题

三个月的“四清”工作结束了，1966年1月的一天我才正式到合金钢研究室（六室）上班。六室是总院最大的一个研究科室，专攻军工用合金钢新材料，下分钢一室（工模具、轴承钢类，金相实验室）、钢二室（结构钢类）和钢三室（不锈/耐热钢类）。合金钢室主任刘嘉禾是著名的低合金钢专家，曾随同邵象华院士（一级留美教授）在日本投降后接收鞍钢的专家，新中国成立后任鞍钢首任科技处长，是中国首个低合金钢16Mn钢的开发者。当然，研究室的人员都是经过政审的，合金钢室的书记和分科室主任，如廖予群、秦森等都是从革命圣地——延安出来，新中国成立后又去苏联留学回来的老干部，其他如钢一室主任孙珍宝（一级教授）、王世章，钢二室副主任刘福魁、吴宝榕，钢三室副主任赵先存、陆世英等也多是从欧美留学归来的冶金材料专家。我在合金钢第三研究室（钢三室）的“高强度不锈钢”研究组。大组长是从德国学习归来的不锈钢专家赵先存同志，我的第一个研究课题的课题组组长是从捷克留学归来的王飞同志，课题是和抚顺特钢厂研究所合作，研发“航空机起落架用高强度不锈钢”。我从国外有关技术资料开始调研，在王飞指导下制定试验计划，院内炼钢/轧钢—试样制备—实验室研究，到抚钢做半工业试验，再回院做试验与分析、总结，工作有序进行中。

1972年钢三室合影

参加“文化大革命”

1966 年 5 月，“无产阶级文化大革命”开始了。初期，社会上轰轰烈烈的运动还没有影响到研究院的科研工作。但是，到了 8 月中旬，当我们在抚顺钢厂做完半工业试验准备返京的时候，传来 8 月 18 日毛主席要在天安门广场接见全国红卫兵的消息，全国各地的年轻人和学生纷纷奔向北京。沈阳火车站挤满了人，不用买票就可以上车，去北京的火车爆满，无法上车，一些人要从车窗爬进去。我好不容易才攀登上列车的上下扶梯，牢牢握住扶杆，站在车厢入口的阶梯上，从沈阳一直站到了北京。“8. 18”之后，机关事业单位和研究院也很快地被卷入这场“文化大革命”的洪流中，针对院长陆某、副院长吴某某同志的大字报也铺天盖地在院内贴满了，还贴上“走资当权派”的标签，各科室的革命造反队纷纷成立。刚入院不久的应届毕业生也组成了“六五革命造反队”。由于我出身铁路工人家庭，在那重视“家庭出身和阶级成分”的年代，就糊里糊涂地被推举为“六五革命造反队”的头头儿。当时，对于我们这些刚进入社会的学生而言，对保密这样严格的钢研院的情况一点都不了解，连院长陆某还没见过面呢，也不知道揭发和批判什么，只是出于对革命的热情，才参加了这场“文化大革命”。

1967 年 1 月，“文化大革命”进入高潮，张春桥、王洪文在上海发动的造反派“一月夺权”的风暴席卷全国，钢铁研究院各科室的造反派也联合起来，组成“革命造反联合总部”，推举 11 室工人李某某同志为“联合总部”的第一领导人，我又糊里糊涂地被推举为第二把手，主管宣传，负责组织大型群众会议，张贴大标语，大游行活动的工作。总部成立后，立即宣布：“对钢铁研究院夺权”。并在总部之下，成立了由各个科室造反派组成的“造反分团”，也分别夺取了各科室的领导权，行使行政和科研的领导工作。“夺权”使原研究院的党委和各科室/行政和科研的工作处于半瘫痪状态。

2 月 13 日，“革联总部”李某某应北京钢铁学院的“红旗造反派”的头头儿张某某之约率领“尖刀连”到丰台支援“二七”机车车辆厂的铁路工人造反派，发生了武斗，即所谓“2. 13 事件”。当时恰逢春节期间，而我恰好之前回天津了。当天，我和王美兰从天津来到北京，并在海淀区大钟寺派出所办理了结婚登记，没有婚礼，只是在院里发放了一些喜糖，就算结婚了。

“文革”初期对书记、院长陆某同志是“批”还是“保”的态度，在群众和中层干部队伍中基本上分成两大派，形成了大多数群众和中层干部支持的“联合总部”造反派和处于少数的“忠于党”造反派。两派观点不同，矛盾不断激化，尤其在夺权后对立情绪更加激化。“联合总部”造反派对陆某同志搞了多次批斗会，还挂了“走资派”牌子和高帽子；而“忠于党”派就抓了副书记、副院长吴某某，也搞批斗大会。因为在总部夺权时，吴某某同志曾联合 30 位中层干部，率先写大字报表态，支持“革

1967 年我和王美兰在北京的结婚照

命联合总部”造反派的夺权行动。因此，吴某某就成为“忠于党”派要打倒和批判的对象。随着双方对立情绪和矛盾的激化，在这两大派的队伍中逐渐都出现了少数人走向极端的极左路线，都从批判转向对当权派陆某同志和吴某某同志的政治立案审查，而为达到“彻底打倒”的目的，都分别对陆某和吴某某同志做了抄家及私设公堂等违法的事情，院内派系对立还时而发生武斗。极左路线在“总部”尖刀连队伍中尤为突出，并逐渐形成一个以李某某为首的“举红旗”派系，并参与社会上的一些大活动。如和北京钢铁学院的造反派头头儿张某某的“红旗造反队”联合行动参与二七铁路工厂的“213 事件”，以抓“叛徒”的名义到鞍钢抓捕了原冶金部长王鹤寿等老干部等惊动国务院等一系列事件。“举红旗”派的一系列过激行动，在院里的干部和群众中，尤其在“联合总部”内部逐渐引发意见的严重分歧和矛盾，分裂成两派。最后在 8 月 18 日，“革命联合总部”一大部分人从总部分裂出来，成立了“818 造反派总部”，我又被推选为负责人。在多数科室也分裂出“818”支部。从而，在院里形成了“老举”（举红旗）、“老八”（818）和“老忠”（忠于党）三大派别。干部队伍也形成了“30 名干部”和“70 名干部”两个派系。我们在“70 名干部”的一些干部（如季某某、宋某某等）的帮助下，“818”总部坚持“文革”的“中间”路线，明确提出“坚持无产阶级文化大革命，要文斗，不要武斗”“要执行党的政策”的方针与口号，不参与对当权派的政治审查，从而得到院里大多数群众和中层干部的支持。

不久，以陈绍昆、郭俊生将军为首的军代表组进驻冶金部。随后，原军委办公厅副主任王梦达同志为首的军代表组进驻了钢铁研究院，成立了以军代表、三派组织主要头头儿为代表组成的“冶金部钢铁研究院革命委员会”，李某某，卢某某作为“老举”派的代表，我和李某某作为“老八”派的代表，徐某某，韩某某作为“老忠”派的代表，都被军代表选进“革命委员会”成为委员，我在革委会中还负责院里的政治宣传工作。各科室也分别成立革命领导小组，北京卫戍区警卫连继续承担着安全保卫工作，研究院基本上结束了混乱无序的状态，派系的争斗也隐蔽化了。对干部的政治审查工作也转到在军代表监督下进行，大多数科研人员仍然继续坚持着军工课题研究，一直都在工作着。

三线建设先遣队

1969年秋天，在东北黑龙江省的珍宝岛发生了中苏边境战争之后，遵照中央提出的“三线建设”及“靠山，分散，隐蔽”的方针，钢铁研究院在要搬迁到四川江油地区成立“钢铁研究院分院”。我和小王军代表带队，100多位中青年技术骨干作为第一批三线建设的先遣队，坐火车从北京来到四川江油县的后坝，在长城特殊钢厂的二分厂住下。在把大家生活安顿好后，除了学习开会，无事可做，远离了派系之争，生活很是平静了一段时间。在那动乱的年代，三线“分院”的建设只是一个空洞的口号，一些人为解决两地分居问题，调离到其他单位走了，有家的人继续在那远离动乱的山区过起“桃花源”式的生活，冶金工程师们拿着北京的工资，当起了农民和木匠，开荒种菜，都还为简陋的居室增添不少家具。直到1973年以后，才陆续回到北京原科室继续科研工作。

“516学习班”

早在1967年夏天。首都高校“516红卫兵兵团”利用“五一六通知”散发反对周总理的传单，“炮轰周总理”。毛主席及时反对和制止了这一行动，北京钢铁学院“红旗造反队”的头头儿张某某等人因反对周总理而被捕入狱。在秋天，全国自上而下地掀起了一场针对极左造反派的“清查五一六反革命阴谋”的运动。林彪、陈伯达、江青等人乘机极力夸大“516兵团”的力量，任意扩大打击范围，林彪还指示“抓516一个也不能放过”，全国约有300万人被打成“516分子”。先从高校、军队和国家机关单位开始，逐步扩展到中央直属单位。冶金系统从北京钢铁学院“红旗”的头头儿张某某等人被抓后，很快就烧到了与他有关联的钢铁研究院的“举红旗”造反派。李某某、卢某某等几个人先进了“学习班”审查，那是一场血淋淋的整人运动。“文革”中原来派系斗争的对立情绪，必然又再次卷进“清查516反革命”政治斗争中。初期，李某某等人的学习班内，在严重的逼供信之下，一些人被迫编造出了一场李某某等人参与北京钢铁学院张某某等人策划的“反对全国人民敬爱周恩来总理的反革命事件”。一时间，钢研院内数百人分别进入了“院级”和“科室”级的学习班中审查。揭发、检举、坦白立功的大小批斗会不断，气氛无比紧张。

年底，我也被军代表从四川调回北京，“革命委员会”主任军代表王孟达同志向我介绍形势后，语重心长地说：“相信你和他们不一样，但是，他们的很多问题都发生在你在总部的那段时期，涉及你了，要好好接受审查，要相信党！”。谈话后，我就直接被关进主楼东侧一层，原钢二室的一个实验室房间内，当晚“学习班”就对我开始“审问”了。

两天后，我爱人抱着不到两岁的大女儿付昕，坐火车来北京看我，母女俩辛辛苦苦地从天津坐火车到北京，到了北京站就被姚某某等同志告知我是“516分子”，在学习班审查，不得会见，逼着我爱人又抱着孩子当晚回到天津。当学习班班长姚某某同志告诉我，并以此要挟我“交代问题”后，我非常气愤。当然，给我初期办学习班的同志大都是原“忠于党”派的骨干成员，对我的审讯是很不客气的：长时间昼夜谈话，逼供，诱供，甚至动手要我低头认罪等做法，引发我极大的对立情绪。不久，我又被转到主楼地下室的一个房间。有一天，我被押解参加了批斗李某某和卢某某同志的大会，有人在会上“揭发”我也参加了总部“反对和策划绑架周总理”会议，说我表态“同意”。批斗会后回到地下室，就逼迫我交代和承认是“516反革命分子”，并动手让我低头，当时我气极了，就和办班的人动手打了起来。这一举动惊动了军代表，负责办“516”案子的苗军代表才找我谈话。我如实说明情况，将我在“革命联合总部”期间参与和了解的一些事件过程做了说明，并就总部李某某等人绑架王鹤寿事件，将我看到的如实说明，否认知道任何与“516”有关的事。之后，按军代表的要求，我用了一段时间，写了我的“交代”材料，系统整理了我参与钢研院“文革”中发生的一些主要事件过程和看法，尤其对李某某等人参与北京钢铁学院张某某等人在鞍山“抓王鹤寿”的事件后，对抗周总理指示问题上做了说明。夺权后，由于对政策性和极左思潮过激行动的意见分歧，在“革联”总部领导层内，我被点名为“右倾机会主义”的代表人物，我和夏某同志是少数派。因此，在对陆某等干部审查，和钢铁学院张某某的“红旗”联合行动“213事件”“抓王鹤寿叛徒”等事件中，都是由李某某领导的“举红旗”尖刀连的造反队单独执行的，我们并不知情。1967年“五一”节后，我从天津回院时，在主楼大厅见到王鹤寿等人后，我才知晓此事。当晚，我到主楼二楼会议室，见李某某、卢某某等人在议事时，突然，电话总机室转来国务院总理联络员刘同志的电话，要找总部负责人通话，正好我先接了电话，对方说“周总理指示：立即将王鹤寿同志送到国务院去”。为此，我和李某某等人再次争吵起来。但是，李某某不执行周总理指示，又把王鹤寿等人转移到北京钢铁学院张某某那里去了。事后证明，正是这一起抓王鹤寿的事件，在派系斗争和残酷的逼供信下，编织了一起“反对周总理的反革命事件”，不少人为此莫名其妙地被当成“516分子”，受了几年不等的冤枉。

在我的“交代材料”交到军代表后，给我办班的人员又换了一批，我又搬回到主楼一层实验室，可以看见阳光的小房间了。学习班里“老八”的人出现了，对我的态度也好了许多。幸运的是，由于军代表的监管，院里大大小小的批斗会，我都没有被带到大会的台上批斗过，没有在大庭广众下遭到侮辱，算是很幸运的了。我的两年政治审查，不仅给我爱人王美兰身心健康造成损害，对她的事业发展也造成很大影响。

本来天津105厂党政组织在1967年已内定提干和选派她到英国一家电器公司（后来在天津成立合资企业——梅兰德兰公司）进修培训的计划，由于钢研院“516专案组”到天津105厂外调，并要求她揭发检举我的“问题”而泡汤了，还一度将她调离技术科到车间工作，党员转正期也被无限期拖延了。

我在学习班内梳理“交代”材料的过程中，也对参加“文革”过程深入反思，认真学习了毛泽东选集和语录，思想也豁朗了许多，从正面理解对自己的审查，想想学习班后，还要好好工作呢。幸好，一本英文版的毛主席语录，又勾起学习英文的兴趣，从中英文语录的对照中学习英文单词，复习和领会语法，也颇有收益。我还学会了中医的针灸，对自己的“足三里”“气海”等穴位实施针灸，以缓解胃部的不舒服感。

冶金部五七干校

被关押办班的滋味实在不好受。1970年的初夏，我向军代表王孟达写信，要求响应毛主席号召，申请到河南的“五七干校”去接受再教育和继续审查。这样，我又从北京转到河南省淮阳地区“冶金部五七干校”，直接住在王敬庄大队马棚边的仓库房内，给我办班的同志一拨又一拨地换了新人，原属“老八”派的炼钢室皇莆庆茹也曾到过我的学习班，我们在一起学习，也和老乡们一起劳动，收麦子打场，装满一百多斤麦子的麻袋，我扛起来就走。我对农活的熟悉和实干精神，赢得老乡们的同情和关爱，尤其是王敬庄的刘队长还说：“你也不像反革命呀！”我在农村劳动的欢乐中，也逐渐淡忘了委屈和孤独，身体逐步也得到了恢复。

结束“学习班”，平反

1971年9月13日，中央电台广播了林彪叛逃，在蒙古温都尔汗“折戟沉沙”的消息。第二天早晨，我走出学习班，直接到干校办公室找负责学习班的领导韩某某同志和军代表说：“林彪都死了，要求立即结束我的学习班，明天我必须回北京去”。当晚，北京军代表同意了，第二天我如愿乘火车从漯河回到北京，获得了自由。到北京后，军代表王孟达等接见了我，并语重心长地说：“事出有因，接受审查是必要的，要正确对待，耐心等待党组织的最后结论”。王孟达还说，1942年延安整风过程，也有不少干部被错误审查的历史，叫我正确认识这次审查；还提醒我，不要参与一些人要求“平反”的闹事活动。之后，在冶金部大楼，冶金部副军代表郭俊生也接见了我。同样，也要求我正确对待运动，好好工作。这样，使我在情感上已有“平反”了的感觉。不久，清查“516”的运动结束了，军代表在钢铁研究院大会上，正式宣布“事出有因，查无实据”，我被第一个宣布解放了。

其他一些被办学习班的同志也陆续以“事出有因，查无实据”结案，几年之后，李某某也结案了，恢复了工作。多年后，在钢研院新材料大楼的大厅内碰到李某某，相互握手问好，还一起观看了他的画作“骏马图”。

热处理车间建设

回到合金钢室的时候，原先被造反派靠边站的书记主任们已恢复了正常领导工作。不久，我被任命为合金钢室热处理车间的负责人，领导车间热处理设备改造和热处理作业的生产。我在组织组内技术人员到哈尔滨等地考察的基础上，向冶金部科技司申报钢铁研究院热处理车间技术改造的方案，获得批准和资金后，为车间添加了新的热处理设备（工频热处理炉、井式炉、厢式炉、盐炉等）开始二班的生产。晚上，热处理车间厂房里灯光通明，又呈现了一派科研工作朝气蓬勃的景象。

解决了夫妻两地分居问题

1972 年底，在冶金部和院军代表的关怀下，由冶金部向北京市政府申请进京户口指标。1973 年初，将我爱人王美兰从天津三机部 105 厂调进冶金部钢铁研究院设计室工作，解决了我们长期两地分居的生活问题。同时，我爱人王美兰被拖延了 7 年的预备党员转正问题也解决了。当年，正式转正成为中国共产党党员。这样，不仅使我能安心工作，也坚定了我们要相信党的信念。

加入中国共产党

1973 年，党支部书记廖予群等人，作为我的入党介绍人，党支部大会通过后，批准我加入中国共产党，报经院党委批准，成为预备党员。一年后，又经院党委批准转正，和其他同志一起宣誓后，成为一名正式的中国共产党党员。从此，我下定决心，接受“文革”教训，绝不再参加任何政治运动，从零做起，好好工作，为科研工作做点实事，也是一名共产党员的本分。同时，对曾为我办班的对立派同事，也就“相逢一笑泯恩仇”了。

冶金部“抓革命促生产”工作组

1975 年初，邓小平同志恢复工作。遵照毛主席“抓革命，促生产”的指示，冶金部成立多个工作组并派其到重点钢厂蹲点，梳理“文革”遗留问题，督查钢铁生产。我被院里选派参加由冶金部军代表陈绍昆部长领导的“鞍钢工作组”，驻在鞍钢东山宾馆。我被分配在炼铁厂工作小组，参与恢复生产等工作。

在冶金部机关的工作经历

鞍钢工作组结束回到北京后不久，我接到冶金部人事司调令，调到冶金部科技司“科技处”工作。主要经历如下。

援外工作：在科技司郑岳胜司长和科技处王耀华处长的领导下，参加组织全国冶金企业，援建“阿尔巴尼亚钢铁联合企业”的援外项目，进行从选矿、炼铁、炼钢、轧钢生产工艺，到钢材品种开发及其应用的一系列试验研究，参与组织“冶金部-外经贸部-机械部”三部委的援外工作会议，专项课题组工作会及工艺工业试验的检查等多项工作。这是一项政治和技术性都很强的组织工作，学到很多知识，也结交不少朋友，如原钢铁司司长康元炳、轧钢处处长谢世柜，上海钢研所长顾德骥和谢宝光，宝钢建设的副总指挥（原在北京冶金建筑研究院工作）曾乐教授，鞍钢科技处处长贺永康，上钢五厂厂长侯树庭等人都是在援外工作中认识的。

金属学会的对外技术交流：当年的金属学会仅仅是在冶金部科技司下的一个 2 人小组，在冶金部大院里的红楼办公。在“冷战”的大环境下，被封锁的中国只能自力更生，几乎没有和西方国家有技术上的交流。在“文革”后期，1972 年美国总统尼克松访华后，中日、中美陆续建交，中国恢复了联合国地位，国际形势趋于缓和。毛主席在长沙街头听到一位穿漂亮“的确良”衣服的服务员说很难买到“的确良”的抱怨而感悟之后，和周总理讨论搞化纤的事，首次做出可以从国外买成套设备的指示。由此，在 20 世纪 70 年代，中国开始从日本、德国等国陆续引进来国外的化纤、纺织、电子半导体等成套装备技术。“武钢 1700 工程”就是冶金部为武钢引进的 50t 的顶吹转炉和连铸、1700 热连轧机组、冷连轧机组及硅钢机组的成套设备。外国装备的引进，必然引来国外的专家来华访问和交流。1976 年初，日本金属学会的冶金代表团首次来华，要对中国金属学会做技术交流访问，科技处承担了这个突如其来的接待工作。在王耀华处长领导下，我们以金属学会的名义在友谊宾馆接待了日方代表团，并组织冶金情报所的翻译人员和院所的工程师们进行为期两天的技术交流，这是我有生第一次有机会亲身接触到外国冶金专家和国外先进的冶金技术。

武钢 1700 工作组：“文革”后期，邓小平复出后，唐克同志从石油部转调到冶金部当副部长。为抓革命，促生产，唐克部长要求冶金部机关干部不能提早下班，提出“冶金部大楼晚上不亮灯，老百姓不放心!”。因此，我们一般都要工作到晚 8 点，才下班回家。在 20 世纪 70 年代中期冶金部为武钢从日本引进了全套 1700mm 热连轧机组的设备，冶金部“武钢 1700 工作组”由钢铁司康元炳司长负责设备引进和建设工作。1976 年春节期间，部领导要求机关人员要“春节下基层”，与钢厂工人一起过春节。这年的春节，我被分配到武钢参加“1700 工作组”，随同叶志强副部长等一行人到武钢。工作组住在靠长江边的新建的武钢二招。那年武汉春节的天气很冷，大家在房间里都要穿棉大衣工作，手脚和耳朵还都冻了。但是，一个月的工作使我对日本西德等国家钢铁工业先进的钢铁装备和新技术有了很深的印象，认识到先进的装备和技术对发展中国钢铁工业的重要性。

“四五”天安门事件：1976 年 1 月，全国人民敬爱的周总理逝世了，全国人民陷入无比悲痛之中。我有幸参加了由部里组织到大会堂向“周总理遗体告别”的活动，在王耀华处长的安排下，又让我在冶金部礼堂代表部直属单位，在冶金部“悼念周总理”大会上发言。清明节前后，全国广大群众自发悼念周总理的活动达到热潮，在北京天安门广场出现了拥护邓小平同志和矛头指向“四人帮”的大字报。4月2日，我和王耀华处长、武志宏等人去上海出差，参加三部委的“援阿工作会议”和一些试验工作。在火车上遇到了北京钢铁设计院科技处钱处长，上海钢研所的谢宝光等人，大家自然地在聊天过程中谈到天安门广场的大字报，上海的同志还谈到一些有关“四人帮”的小道消息。4月5日，北京天安门广场的群众活动达到高潮，演变成“四五天安门事件”，被中央定性为反革命政治事件。由此，四人帮又掀起了一股“批邓”“反击右倾反案风”运动。“天安门事件”后，在北京的院所开始了“再清查”运动，从凡是参加和到过天安门广场的人查起，揭发检举凡是去过天安门的人的各种言行。火车上聊天的事，自然也被北京钢铁设计院的同志揭发出来，并报告到冶金部党委了。当我回到北京的时候，科技司支部领导就找我谈话，了解那次在火车上聊天中，有关“四人帮”小道消息的事。因在领导谈话前，王处长就找我和老武统一了口径，不要讲上海钢研所谢宝光同志的名字及谈“四人帮”小道消息的事。科技司领导都是正直的共产党人，简单谈话后，就过关了。

7月28日凌晨，唐山地区发生特大地震，我和王耀华处长正在太原钢厂二招开有关援阿项目——炉卷轧机试验工作会议。回到北京时，小平房的家里已经在户外搭起简易帐篷，后来一些天里，一家人在房内，挤在两张拼在一块的双人床下，以防地震再次发生。那是一生中唯一一次经历天灾大地震。

打倒四人帮，“文革”结束了：9月9日，伟大领袖毛主席去世，我有幸参加部里到大会堂最后一次瞻仰毛主席遗容活动，心情无比沉痛。10月初，华国锋、叶剑英等果断及时地打倒了四人帮，“文革”动乱结束了。原来靠边站的干部要平反和安排工作，冶金部开始在机关内部清理“文革”中的造反派，但是在做法上温和了很多。钢铁研究总院的“老忠”派的同事，出于对革命负责的精神，又到冶金部揭发我是“造反派头头儿，不能在冶金部机关工作，要回原单位继续审查”。因此，科技司郑岳胜司长和胡兆森副司长，在回院前和我谈话，肯定了我在部里工作期间的表现。但是，由于钢研院有人来部里“告状”，不能继续在冶金部工作了。我伤心又委屈地离开了冶金部大楼，又回到钢铁研究院。不久，冶金部科技司的蒋路、王耀华等同志在“文革”中当过部机关造反派头头儿的也都被分别调离了部机关，到院所或外地企业去了。

在冶金部机关这两年工作实践中，我学会了很多冶金生产知识和积累了技术团队组织工作经验，结交了很多钢铁界的朋友，为我后来在中信公司的工作奠定了基础。

重回钢研院

11月，我回到合金钢室上班，气氛似乎很平静。因为合金钢室是一个有近二百人的大室，在“文革”期间，“老八”（818）派的群众和干部始终是大多数，我始终有回家的感觉。我主动向党支部廖予群、秦森等领导汇报思想。党支部对我重回合金钢室总要对群众有个交代，不久，合金钢室党支部专门开了一次党员民主生活扩大会，一些群众也参加了会议。在会上，几位铁杆“老忠”派的同志，向我发起攻击，叫我交代问题。我简单地表了态，承认在“文革”中有错误，已经检查过了，“516”的事已审查有结论，并表态接受批评之类的话。短暂的紧张气氛，很快又被好心的同志更换其他话题岔开了，为我解了围。之后，我又主动到院里找院长兼书记江文同志（在“审判四人帮”时任检察长）、张成吉副书记汇报情况和思想。第二次审查就无声无息地结束了。我很快静下心来，重新投入到科研工作中。

四、钢研院的科研课题——与含铌钢的起始情缘

“文革”的教训，让我决心远离政治活动，很快就闷下头来投入科研工作。几乎每天晚上都到办公室去工作，整理资料。在学习英文的同时，还参加院里日文初级和中级班的学习，如饥似渴地阅读大量欧美日等国技术资料，以充实自己的专业知识，很好地完成了几项科研课题。

军工材料课题

回到院里后不久，我接受原钢三“高强不锈钢组”孟繁茂（红也）的建议，到他负责的课题组工作，参加“长征运载火箭液氢液氧发动机外壁用不锈钢材料——双相不锈钢”研发课题。多年后，该课题在1988年获得国家科委颁发的“发明二等奖”，为当年国家科技发明最高级奖，我作为第六发明人也获得荣誉证书和奖章。

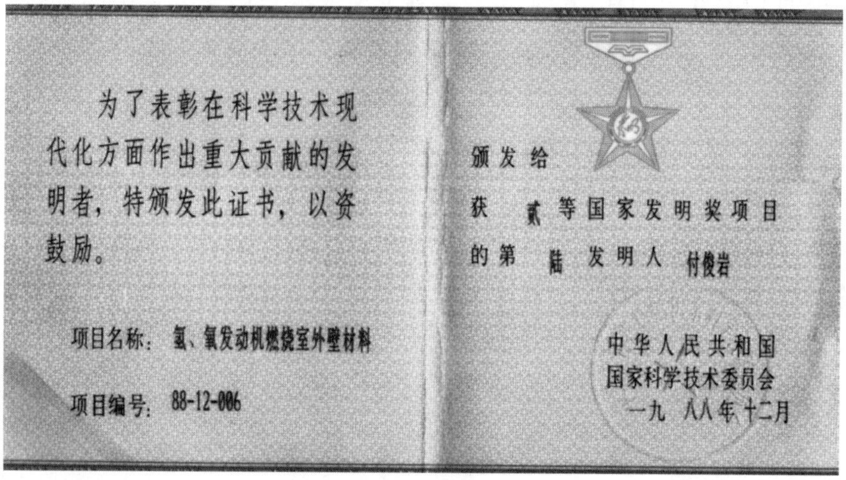

之后，冶金部军工办为配合国家航空发动机的开发，引进英国“斯贝发动机系列用钢”技术，组织院所、钢厂和发动机厂的联合攻关。我和孟繁茂同志一起承接了“仿制斯贝发动机涡轮盘和叶片用钢S/SAV(FV535）而研制-12%Cr型抗蠕变马氏体不锈钢”的课题。根据1Cr11Co6MoVNbBN钢技术条件，以500℃的蠕变性能为主，就热处理工艺对钢的性能和显微组织结构进行研究。经过一段时间的努力圆满地完成了任

1988 年“氢、氧发动机外壁材料”获国家发明二等奖证书/奖章

务。这期间，我还做过沉淀硬化不锈钢 PH17-7(Nb)、PH17-4(Nb) 的含 Nb 不锈钢热处理工艺对性能影响的研究。**这些钢中都含有铌金属元素，冥冥之中和“铌”开始结下了不解的情缘。**

学习微合金化技术

1978 年，随着“全国科技大会”和“中共十一届三中全会”的胜利召开，解放思想和改革开放的号角吹响了春天的序曲，这是中国当代科技史的一次历史转折。1979 年 5 月，巴西 CBMM 公司和钢铁研究总院在北京民族饭店举办了中国首届“含铌钢技术研讨会”。CBMM 总裁卡马戈博士，美国管线钢专家 Marcolm Gray 博士及 Harry Stuart 博士等做了铌微合金化技术和国外含铌管线钢技术发展的专题报告。卡马戈博士还赠送了 1975 年在美国华盛顿举办的“*Microalloying* '75”即“微合金化 '75”研讨会的文集和《含铌钢微合金化技术发展》两本书。我们如饥似渴地翻译和学习论文集中的文章，逐步理解微合金化技术的真谛，从此揭开了中国钢铁工业发展高强度低合金钢与微合金化技术的序幕，我们一起率先开创了微合金化技术从学习、研发与技术创新的历史。当时，宝钢也在极大的争议中开始建设了，为中国钢铁工业创立一种开放、全套引进国外先进装备与技术的新颖模式，为投产后生产高强度低合金钢创造了必要条件。

含铌管线钢研发课题

在秦森主任的关怀下，应东涛同志的邀请，我又从钢三室转到钢二室，加入东涛负责的管线钢课题组，从军工转到民用钢材开发。在“文革”期间，东涛曾是合金钢室“总部”造反团及革命领导小组的第一把手，也是“老八”的战友，更是后来我在中信推广含铌钢微合金化技术工作中最大的帮手与支持者，是最好的朋友。

我们课题组承担并完成了为宝钢热连轧厂生产含铌“X70管线钢合金设计与工艺”的预可行性研究的课题。1982年夏天，在东北哈尔滨市由哈工大雷廷权教授主办的全国首次“形变热处理技术研讨会”上，课题组研究成果的两篇论文“合金元素对控轧微合金钢的特性影响”和“控轧低C-Mn-Mo-Nb针状铁素体钢的性能和显微组织研究”都获得了大会的优秀论文奖。

虽然，当时中国还不具备生产X70管线钢的条件，很多人对Nb在钢中的作用还缺乏了解，甚至还对铌对焊接性的影响有误解。但是，该研究成果却在二十多年后开花结果，我国西气东输管线一线建设采用的宝钢、武钢、鞍钢等钢厂生产的含铌X70针状铁素体钢，二线建设采用的低碳高铌（HTP技术）的X80管线钢，都验证了钢研院课题组先期的研究成果。

当时，国内还不能采用美国石油协会的管线钢API标准生产含铌X60/X65管线钢。石油部只好从日本，按协议条件进口日本的St52钢，以及少量国产16Mn钢板用于初级管线建设。虽然武钢刚刚从日本引进了1700mm热连轧组的设备，生产还不稳定。所以课题组转向研究开发X60/X65钢。组长东涛对国际通用的API标准做了充分研究之后，我们开始走访石油部物资局、宝鸡焊管厂、武钢研究所，介绍国外管线钢技术发展，美国API标准的技术关键，并提供由我们翻译的相关管线钢的技术资料。三家达成共识，把开发X60/X65钢的研究纳入国家“六五”的攻关计划，并提前启动研究工作。1983年，国家科委在上海召开“全国低合金钢与合金钢大会”，即“六五攻关”科研立项与审批的会议。由我代表钢研院、武钢、宝鸡焊管厂联合攻关组，在大会做立项报告，并被批准立项，得到国家资金支持。我们用这笔资金联合钢二室其他几个课题组，我亲自跑到西外二里沟，代表钢研院与中国仪器进出口公司签订协议初稿，由院里设备科代表钢研院签订进口合同，从美国进口了首台Gleeble 1500试验机，还要求在协议中明确选派一人赴美国三个月的培训。之后，我们课题组成员董重宁同志承担了进口和培训任务。

这段时间，课题组从“微合金化’75”的文集中，翻译了大量有关微合金化技术及含铌管线钢的文章，我和东涛还编写了文章《国外石油天然气管线钢》（综述），1982年在宝鸡钢管厂主办的《焊管通讯》杂志上连载二期发表，还和同事共同翻译了由英国冶金学家R. Honeycombe在1981年出版的书《钢的显微组织与性能》，1985年由冶金工业出版社出版，还和鞍钢研究所曹荫之教授合作，组织双方人员共同翻译出版了论文集《八十年代合金》，有力地在国内传播了国外先进的微合金化技术。

赴美国匹兹堡大学进修

1985~1987年间，经钢二室副主任吴宝榕教授推荐，由巴西CBMM公司资助，我被选派到美国匹兹堡大学材料与工程学院进修，作访问学者专门从事Nb微合金化钢技术研究。1987 年夏天，圆满完成实验研究工作，撰写了论文《连铸低碳微合金化（Nb，V，Ti）钢热塑性的研究》，完成了在美国匹兹堡大学的访问学者进修和研究工作。

1986 年在美国匹兹堡大学校园

1987 年秋陪美国匹兹堡大学教授 Carcia 博士在长城

在美国两年的学习，工作和生活的实践，对我回国后的后半生有极大的影响。我和其他多数在 20 世纪 80 年代初有机会出国进修或留学的中年人一样，首先是消除了原有“西方资本主义腐朽没落”之类的固有观念，大大开阔了眼界；从纽约巨大机场和高楼大厦，高速公路，飞驰的汽车，商场和超市里极大丰富的物品，甚至家庭厨房用具的多种多样化等，都看到了西方市场经济的巨大活力，各行各业都有我们值得学习的地方。在美国匹兹堡大学，我还学会了使用计算机和开车，有了美国宾州的汽车驾照，可在美国的高速公路飞驰……这都为我回国后，在中信的工作和生活提供了很大的方便。

首次访问巴西矿冶公司（CBMM）

1987年夏，在回国之前，巴西CBMM总裁Camargo博士在美国邀请我到巴西CBMM公司访问，在Harry Stuart博士的安排下，我有机会二次自己开车400多英里到纽约市巴西驻美领事馆办理签证。7月下旬，我有生第一次坐头等舱从美国匹兹堡飞到南美洲巴西的圣保罗市，在CBMM总部受到Camargo博士，Guimarians等人的接待，到CBMM公司的阿拉莎矿区和工厂的参观访问，并在厂区种了我的第一棵“中巴友谊树”。CBMM给我留下极其深刻的印象：CBMM不仅仅拥有世界70%以上的铌矿产资源，现代化的装备和技术、一流的科学管理机制，拥有稳定的价格政策和供应保证系统，成功地占有世界75%的应用市场份额。更重要的是，CBMM公司始终把铌的应用技术开发及推广放在公司发展战略的首位，成为世界上铌科学技术的领导者。CBMM是值得学习的榜样与合作的最佳伙伴。

1987年7月，访问巴西CBMM，在Araxa厂区种下第一棵友谊树

回国后的工作选择

1987年7月底，我从美国回到北京，又回到院里。由此，这两年来一些“付俊岩到美国不会回来啦”的传言，不攻自破了。但是，“文革”中的曲折经历，两年“学习班”的折磨，出国手续过程的波折，不负责任的谣言与人身攻击，依然在我心里有抹不去的阴影。

要不要换一个工作环境？这个想法在心中困扰着我。当时，国内科研体制在改革，院里也发生变化，课题研究组有自愿组合“承包”的趋势，课题立项和科研经费，要大家自己去跑项目要经费，科研工作少了过去曾有的“革命精神”。虽然，东涛同志明确告诉我，可到他那里去，还专门为我保留了课题经费，但我还在犹豫着。因为在回国前，在美国遇到的中信公司副总秘增信已向我发出邀请。而当年的康华集团的金属公司正在筹建，也欢迎我去，康华集团的金属公司大都是原冶金部钢铁司、科技司和研究院的同事，首任总经理康元炳也是比较熟悉的人。

在我犹豫不决的时候，我爱人王美兰明确支持我应去中信公司，她说：“相信荣毅仁先生领导的中信公司要比那些高干创办的公司肯定要好，会少些不必要的干扰，能干些实事”。这样，我才下定决心选定了中信。

在中信公司人事部发调函之后，又经历一番周折。合金钢室的领导出于对我的理解很快批准了，而院里主管人事的副院长，曾在“文革”中为“忠于党”造反派头头儿的徐志雄同志不批，又让我花了半年的时间折腾。1988 年 4 月 1 日，我才离开曾经历 23 年风雨的钢铁研究总院，到中信兴业公司冶金处报到，成为一名中信人。

五、在中信为实现“钢铁强国梦想”而奋斗的历程

到建国门外的中信国际大厦报到后，才知道还有其他几位同志也先后从冶金系统的钢铁和有色的院所，经荣老板特批，未经正常的考试程序调入中信公司，参与正在开拓和建设的一些钢铁和有色金属的合资项目工作。

中德合资特殊钢厂项目

在冶金处我首先投入到“中信-克虏伯-太原钢铁公司合资兴建30万吨汽车用特殊钢棒线材项目”的可行性研究工作。这个合资项目本是几年前，荣毅仁董事长和德国克虏伯董事长商定的项目，早已向当时的国家计委申报，1988年初才正式批复下来。在黄寄春副总经理的指导下，我开始先和中信咨询公司、钢铁设计总院、山西省冶金厅、太钢等单位多次协调，开会讨论技术经济方案，做市场调研和经济效益的综合分析。之后，又一起组团到德国克虏伯所属的特钢厂考察，与德方交流可行性分析的看法和意见，最后完成了可行性研究报告。当我们完成可行性研究报告的时候，中国的政治经济形势使央行的贷款利率突然大幅调升，报告中经济效益测算结果也大不一样了，从投资公司的长远利益，项目只好枪毙了。在向黄寄春同志汇报后，他安排一次在荣老板办公室的汇报，这是我唯一一次直接向荣老板汇报工作的机会。荣老板高大、慈祥，可亲的容貌、温柔低沉的无锡口音使我终生难忘。最后，老板说：“投资做不成了，德国克虏伯的‘库克’轧机是很好的，是不是可以为钢厂引进呢?”为此，我又到上钢五厂和南京冶金局去谈，结果白跑了一趟。

中信美国钢厂的后勤工作

在我到中信后，除了“合资项目”可行性研究为主要工作外，由于我在冶金部工作的背景，黄寄春副总经理和秘增信同志还一直让我为中信美国钢厂的后勤工作做些事。当时，中信为配合国内工业发展，已在福建马尾地区和无锡建了两个合资钢铁厂。1989年又在美国特拉华州原华人州长的鼓动下，中信收购了位于费城以南的Claymont镇已破产了的凤凰钢厂。

为让已停产几年的钢厂复工，中信请北京钢铁设计院重新设计改造，放弃了原有

的生产特殊钢棒线材和调质热处理车间，保留电炉、连铸和中厚板轧钢车间，变成以生产 A36 中厚板为主产品的短流程钢厂，成立了中信美国钢铁公司。这是中国有史以来第一个在海外投资建设的钢铁独资企业。当时，中信已派出以路明同志为总经理的管理小组（含北京钢铁设计院的陈增琪、钢研院的王祖滨等），在美国开始招聘管理人员和生产工人，准备重新投产。钢厂急需中信自己的财务主管，在总公司黄总协调下，从中信咨询公司借调了刚从人民大学研究生毕业的居伟民同志，办理手续后，先行到钢厂工作。之后，我又从钢铁研究总院的轧钢室、自动化室，上钢三厂的炼钢、连铸、轧钢、设备维修车间先后两次借调十余名专家和高级操作手和设备维修的师傅，分别签订协议后，由中信办理出国手续，到美国的中信钢厂工作，担当钢厂重新投产和培训美国新工人的任务。

在这段工作期间，因工作的原因，认识了黄总的临时秘书孙玉峰同志，一位从上海外语学院毕业不久的青年，在我的动员下，不久他也从总公司开发管理部调入中信兴业公司冶金处和我一起工作。

中信美国钢厂的四辊轧机

中信美国钢厂投产前，又发现原连铸机设备老化，备件短缺，急需改造更新。为此，黄总又交给我和孙玉峰在国内组织有关单位做新连铸机设计和制造的出口任务。我们协调组织西安重型机械研究所，以谢东发、关杰院士等为设计团队，上海重矿机械公司董淑东女士为首的设备制造团队，分别签订了中国第一个出口美国大型冶金设备的技术和商务合同。先是邀请西安重型机械研究所专家到美国现场设计，然后在上海重矿公司开始制造和组装，验收以及发运，历时了近两年时间。

第一个进口铌铁合同

1989 年宝钢建设进入尾声，投产在即。我思考着，既然选择到中信公司工作，就要为中信做点啥。根据我多年对巴西矿冶公司（CBMM）及其铌资源的了解，以及从事钢铁材料与微合金化技术研究的经验，认定为宝钢等钢厂进口铌铁、生产含铌高强度钢是一件长远而有意义的事。在得到冶金处处长陈小平同志的同意后，我就一人到上海宝钢指挥部、上海冶金设备厂、武钢三家单位推销巴西铌铁，在分别先签订了共15t的意向合同后，就和我在美国的老朋友，巴西CBMM在美国分公司（NPC）总经理Harry Stuart博士联系，在1989年11月底，正式签订了第一笔进口15t铌铁的合同。20世纪90年代初，第一笔15t从巴西CBMM公司进口的铌铁到达上海港，报关后分别送到三家钢厂。由此，我和孙玉峰开始了中信和巴西CBMM公司技术贸易合作，这也是我在中信与含铌钢微合金化技术真正结缘的开始。

在中信美国钢铁公司工作

钢厂投产后不久，1990年我和财务处的高念武同志一起被派到美国的钢厂工作。我在钢厂作冶金工程师，负责冶金质量的技术工作，工作了一年半的时间。1991年，美国经济萧条，当钢厂的资金和销售也遇到很大困难时，王军和秦晓总经理到钢厂视察。期间，他俩曾分别住在我与小高的宿舍，有时晚上和我们一起在宿舍做饭吃。我会包饺子，做馅饼，牛尾汤，小高会做爆炒鸡块，王军也会露一手，亲自做“虎皮尖椒”，大家在一起吃晚餐。王总虽寡言少语，但是，他思维严谨，干练果断，尤其对国内外市场的分析和把握上都拿捏得很准。有时还谈起他在鞍钢做海军军代表的往事，说对钢厂和舰艇用高强度钢还是很了解的，王军和秦晓总经理给我留下很深的印象。在后来我们做含铌钢技术市场开发的过程中，始终都给予我们最大的支持。夏天，秘增信同志临危受命，接替路明，被任命为钢厂总经理。我和小高同志也调回了北京。

回京前，我和高念武二人花了一周时间，开车5000多英里在美国中北部做了一次长途旅行，从费城出发，经匹兹堡、克利夫兰，到底特律的汽车城，又折返向东北，加拿大边境巴福罗大瀑布，再向南到波士顿的哈佛与麻省理工大学，经纽约，回到费城南的Claymont镇的钢厂。我们真正体会了一次坐在四个轮子上的美国。

成立北京工作组

1991年11月，经总公司荣老板批准，成立了中信美国钢铁公司北京工作组，由我和孙玉峰组成，暂时挂靠开发管理部代发基本工资。在中信办公厅李秀亮副主任帮助下，我和孙玉峰在北京国际大厦北楼一间不足10m^2，没有窗户的房间里开始办公。当时正值美国经济衰退低谷时期，钢厂经营与资金状况极其困难，面对工作组办公零经费的难题，我们向秘总提出“自力更生，从铌铁业务白手起家”的发展原则，我和孙玉峰同志继续做进口巴西铌铁的贸易，开创北京工作组创业的征途。因为1990~1991年间，我们曾在中信兴业公司冶金处借用兴业公司的进出口权和资金，为宝钢等企业进口30t铌铁业务，有很好的利润留在了兴业公司。因此，经秘增信和兴业公司领导的协调，我们从兴业公司，在扣除资金占用、经营管理等费用后的实际利润中，拿到了32.5万元，这才有了办公经费，也是工作组的第一桶金。为解决下一笔进口铌铁合同的资金难题，我求助了Harry Stuart博士，要求在付款条件上，把到货付款更改为D/P 30天，即到货到港后的30天再付款的优惠条件。在不到30天里，工作组就可从宝钢收回货款，能及时通过中信银行对外支付，这就解决了我们在国际贸易中的资金周转难题。**朋友间的信任是中巴技术贸易合作的起点。**在以后几年中，铌铁进口量都随着宝钢热连轧厂投产而逐年增长，从15t、23t到38t而增长着。

搬进京城大厦

1992年7月，中信的京城大厦竣工了，中信公司总部和在京的子公司都从建国门外的国际大厦搬进京城大厦。我们在中信办公厅李秀亮主任的帮助下，为工作组在大厦12层1205室租下一间面朝东南的办公室。我们为办公室添置了计算机、传真机、电话，又是在李秀亮主任的帮助下，用5000元人民币从办公厅买了一辆二手皇冠轿车，有了现代化的办公设备，工作上方便很多。

不久，孙玉峰申请去了美国钢厂工作，并成立了中信美国信陆贸易公司。大连工学院热处理专业毕业的刘宴龙同志从兴业公司调入“工作组”，他是我在北京工作组的主要助手。

1992年在京城大厦1205办公室

国产板坯连铸机出口美国

夏天，上海重矿公司生产的板坯连铸机设备制造基本完成，我和钢厂炼钢总工程师陈增琪同志到上海参加验收。之后我又和董淑东同志一起集港和监控港口发货等一系列工作。在验收和集港的过程中，上海电视台、解放日报记者们专门到现场采访，大肆为中国首次重型冶金装备出口美国的事宣传了一番。在美国设备安装后，我又邀请并陪同宝钢连铸专家、钢研所副所长康复同志和上重公司董淑东女士到美国钢厂，参加连铸机的调试工作。一切顺利，中信钢厂的生产与销售工作也逐渐走上正轨。

全国低合金钢协调组

中信美国钢厂生产正常之后，我就集中在铌铁的技术推广和销售工作上。除了宝钢之外，如何增加和扩大钢厂用户是工作的关键。利用我以前的老关系开始走访钢厂，从介绍铌在钢中的作用的技术讲座开始做起。我还多次邀请东涛、红也、王祖滨等一起走访了多家钢厂推销巴西铌铁。

1993 年，在刘嘉禾院长、东涛和冶金部科技司总工谢世柜的介绍下，我以中信美国钢铁公司名义参加了冶金部“低合金钢协调组”（即如今的“中国金属学会低合金钢学术委员会”）的工作会议，并被增选为理事。组长是鞍钢科技处长贺永康，理事会成员都是冶金部和院所、重点钢厂主管技术的领导和专家，还有下游行业如铁道、一汽、船舶研究所等单位的领导和专家。协调组每年都举办工作会议或低合金钢学术会议。当时，协调组挂靠在鞍钢科技处，因鞍钢科研管理程序的难处，鞍钢科技处对协调组的活动经费无法落实。为此，中信美国钢铁公司（北京）每年都给予经费的支持，全国低合金钢协调组的工作与学术年会也成为我们在中国推广微合金化与含铌钢技术的一个宣传平台。

这样，我们借助理事会老朋友的帮助，有针对性地走访了几家钢厂，并在当年成功地增加了天津大无缝钢管厂、重庆钢铁公司和上钢三厂的新用户，使 1994 年的进口订单增长到 96t。

CBMM 鲍迪依首次拜访中信

1993 年秋天，巴西 CBMM 公司技术市场开发部总经理鲍迪依先生（Mr. Pascoal Bordignon），到京城大厦第一次拜访了中信美国钢铁公司（北京）。我们就铌铁贸易、市场开发等工作交换了意见，并对双方长期合作达成共识。从此，两家公司从单纯贸易关系，以中信技术市场开发为主，巴西参与的模式，开始了第一阶段技术贸易合作。

1985 年以前，巴西 CBMM 公司都是通过美国子公司总经理 Harry Stuart 博士和钢研院钢二室副主任吴宝榕教授联系来中国访问的。1985 年初，章洪涛同志从美国匹兹堡大学回国后，CBMM 公司改派鲍迪依先生负责中国的市场开发工作。每年除资助章洪涛课题组继续作含铌钢的研究外，还由章洪涛和外事办的邵大琴女士办理各种手续及参与中巴双方技术交流活动，如协助中国金属学会举办了首届“HSLA ’85”国际研讨会，访问鞍钢、宝钢、攀钢等钢厂，做了大量艰苦工作。那时，虽然对外国人来华，总会给予热情和高规格的外事接待，包括组织少年儿童举着五星红旗，敲锣打鼓列队欢迎等，但办理签证和外事活动的审批手续却极其繁杂，要逐级上报外事部门，由冶金部批准，再经过被访问单位所在地的上级外事部门批准，逐级把红头文件下发到接待单位，通常要花费一两个月的时间。鉴于当时国内的通讯、交通、宾馆的条件，可以想象到章洪涛同志和鲍迪依等巴西、美国朋友们的工作是多么艰辛！他们和老外一起坐近 27h 的火车，从北京辗转成都，才能到攀枝花钢厂访问；甚至在上海外滩的和平宾馆，Stuart 博士、DeArdo 教授等五位外国专家，有一天不得不挤在一起同住一个房间，用餐也喝不到冷藏的冰啤酒。更失望的是，CBMM 在中国前十年付出如此大的投入和努力，铌铁的销售和应用始终不见起色，几乎“零”销售让 CBMM 高层曾一度失去了信心。

随着中信铌铁业务不断增长和对中信的了解，CBMM 公司从商务和市场长远发展的角度出发，必然将合作对象和工作重心转到中信。在鲍迪依先生第一次访问中信的会谈之后，在商务上，中信和巴西 CBMM 总部开始直接签订合同，付款条件又改为 D/P60 天，所有巴方人员及其美国、德国、日本等国的专家来华签证，一律由中信公司办理。中信是国务院直属正部级单位，有独立的外事、出国和进出口审批权，公文上还有带国徽的公章，以及荣毅仁董事长崇高威望……这一切都为铌铁贸易、国际交往和技术交流提供了极大的方便。

中信铌钢发展奖励基金

随着中信铌铁消费及含铌钢产量的增长，低合金钢协调组的专家们对在中国发展含铌钢微合金化技术的前景都给予高度肯定和认同。吴溪淳部长、刘嘉禾等老领导向我建议：可以按照中信开放与创新模式，成立一个民间“含铌钢发展奖励基金”，以鼓励和推进含铌钢技术的发展。这样，11 月底，我以中信美国钢铁公司的名义向集团公司报告，在秘增信总经理支持下，经总公司王军董事长、秦晓总经理批准，由“工作组”出资 100 万元，建立了“中信铌钢发展奖励基金”。这是一个由中信、冶金部、钢铁研究总院、北京科技大学、宝钢、鞍钢、武钢等单位的高层领导和冶金专家组成的民间科技发展基金组织。还设立“基金管理委员会”和“专家委员会”。中信集团黄寄春副总经理为主任，邀请原冶金部副部长吴溪淳为副主任，我为常务副主任主持日常工作。成员有科技司前总工程师谢仕柜、副司长李世俊、宝钢总经理沈成孝、总工康复、鞍钢总工程师林兹泉和郭惠久、科技部长张晓刚、武钢总工程师刘建功、钢铁研究总院副院长著名冶金专家刘嘉禾、总工办主任东涛教授、低合金钢协调组组长鞍钢科技处长贺永康、北京科技大学副校长孙祖庆教授及著名低合金钢专家曹荫之、贺信莱、王祖滨、红也教授等人。这是当时中国钢铁界领导与专家级别与知名度最高的一个民间科技组织。

“基金”办公室设在京城大厦 1205 室，一个十多平方米的办公室内，我和作为办公室主任的刘宴龙两个人负责主要常务工作。在随后几年里，工作组也陆续增加了周宇新、赵志军、谭燕、邱文光、曹铁柱、谢丹青等同志，初步形成了一个团结、高效的专业化技术团队。为完善“基金”组织建设，东涛、红也、王祖斌教授一直都给予我们极大的帮助，共同做了大量的工作。

（1）邀请东涛教授等人一起访问钢厂，并和首钢等14家钢厂签订了技术贸易合作协议，其中还向首钢、上钢三厂、济南等10家钢厂免费赠送100~200kg铌铁进行含铌钢开发和对16Mn、20MnSi、U71Mn等老低合金钢品种做微铌处理的试验；和钢研院八室姜志忠课题组合作开发含铌不锈钢焊材试验研究，和北京科技大学谢锡善教授合作进行在高温合金冶炼用CBMM真空级铌铁/铌镍合金代替国产纯金属铌条的实验研究等。此外，还请东涛教授以中信美国钢铁公司名义为本钢、柳钢、包钢编制了企业中长期钢材品种发展规划，把含铌钢产品开发纳入规划中。

（2）资助冶金标准院修订铌铁国家标准和低合金钢标准，资助钢研院情报室收集国外含铌钢技术资料。

（3）每年资助“低合金钢协调组”工作会议和“低合金钢学术年会”的召开。

（4）出资组团出国技术考察：邀请国内大钢厂主管技术的领导到巴西和美国进行技术考察。这是了解巴西铌资源，学习国外含铌钢技术非常重要的途径。回国后他们对推动我国钢铁行业含铌钢和微合金化技术发展起到了很重要的作用。

（5）以中信美国钢铁公司（北京）和“基金”的名义，编辑出版《铌钢快讯》《神奇的铌——在钢铁中的应用》系列丛书；与媒体《冶金报社》编辑夏杰生、新华社《中国市场》记者杜众远、中国国情研究所《国情报告》编辑王集堂等人合作，在不同媒体上发表《为了钢铁强国的梦想》、《铌微合金化钢是我国钢铁行业结构调整的必由之路》、《发展铌钢　前途似锦》等多篇文章和报道。

（6）召开“中信含铌钢发展奖”的评审会，评选出1996~2006各年度的多项“中信含铌钢发展奖”，每年举办基金颁奖会，请冶金界或下游行业高层领导为获奖人颁奖。1997年3月，在北京京城大厦举办了首届“中信铌钢发展奖励基金”颁奖会和“含铌钢技术国际研讨会”。这是一次含铌钢微合金化技术在中国的空前盛会，出席会议的高层领导有冶金部部长刘淇、中信集团公司董事长王军、中国工程院常务副院长王淀佐、冶金部副部长吴溪淳、宝钢总经理沈成孝和徐乐江、鞍钢总工程师林滋泉和张晓刚、武钢总工程师刘建功和邵为民、钢研院副院长刘嘉禾以及多家钢厂领导、工程师，以及来自美国、德国、巴西等国家的专家。巴西CBMM公司鲍迪依和索萨也出席了大会。

（7）中信积极参与冶金部/建设部推广400MPa的20MnSiNb热轧钢筋技术活动，包括：资助中信华美设计院在国内首次完成“新3级钢筋的建筑设计与成本分析”的研究，第一次明确提出“3级取代2级钢筋可以节省钢材13.9%”的数据，为全国技术推广工作提供了技术依据；参与钢筋标准修订；编辑出版《铌微合金化热轧钢筋》

等技术资料；在京城大厦组织济钢 20MnSiNb 热轧钢筋鉴定会等工作。

“基金”的技术推广工作初见成效，1997 年铌铁的消费量为 250t，在以 25%速度增长，钢厂客户也增加到 9 家。中信技术市场开发能力和铌铁销售量的增长，逐渐得到 CBMM 高层的重视和认可。

中信独家代理与中巴技术贸易全面合作

1998 年，CBMM 总裁卡马戈博士率领专家代表团来华，在中信拜会了总经理秦晓，并参加了第二届“中信铌钢发展奖颁奖会”。之后，又到上海拜会了上海市长徐匡迪，访问了宝钢集团公司。CBMM 对中信技术市场开发能力和铌铁销售业绩给予高度的重视和认可。当年 8 月，在巴西圣保罗市 CBMM 总部，中信和巴西 CBMM 公司，双方正式签订中信在中国市场独家代理和技术服务的协议。由此，中信和巴西 CBMM 公司的技贸合作进入到全面合作的第二阶段，从 2000 年起，CBMM 开始提供资金以支持中信在中国开发铌铁市场多项具体活动，并在付款条件上，给予中信公司 D/P180 天最优惠的付款条件。

北京工作组业务的发展

当年，北京工作组除了铌铁业务外，还新开辟了另外三项进口业务。在我一位美国朋友的帮助下，工作组和美国 Hunt 公司合作，为钢厂进口轧机配套“高压水除磷阀门”装置；和德国 Lecler 公司合作，为钢厂连铸机除鳞、轧机冷却系统进口喷嘴备件；这两项业务的冶金备件都是世界顶尖的技术产品，都是保证板带材表面质量的重要备件，也是生产含铌钢所需要的。因此，我们在钢厂做技术交流时，不仅讲铌微合金化技术，也介绍钢材表面质量控制过程中，除鳞（氧化铁皮）用的阀门及喷嘴技术的重要性。邱文光和谢丹青两人负责这两项业务。同年，钢铁研究院研究生毕业的曹铁柱同志也调进“工作组”，开始作有色、贵金属期货及黄金白银进出口业务。这三项进出口业务也很快成长起来。

当年铌铁销售量持续增长到 580t，工作组的综合经营业绩持续取得好成绩。1998 年底，按中信海外人员工作最长期限的规定，孙玉峰和秘增信总经理相继从美国中信钢厂回国工作了。秘增信被任命为中信集团公司副总经理，孙玉峰在我的劝说下，留在北京工作组负责铌铁销售工作，并介绍他加入中国共产党，成为一名党员。

整合原中信金属公司

1999 年，根据王军董事长的指示，在秘总的领导下，北京工作组由孙玉峰同志负责，开始对在 1989 年从原康华集团并入中信的，已资不抵债的原中信金属公司进行全面整合，用北京工作组十年的经营利润累计 3500 万元人民币的现金，上交集团公司财务部，替代中信美国钢铁公司计划上交集团公司的400万美元，而用这400万美元注入原中信金属公司。在重新处理资产和人员后，组建成了今天的中信集团一级子公司**中信金属有限公司**，北京工作组的使命圆满画上句号。我被任命为公司法人总经理，孙玉峰、郭亭虎、潘钢为副总经理，又在京城大厦19层一个500多平方米的大办公室正式挂牌。公司人员增加到30余人，业务又增加了一项铁矿石进口业务，还保留了一个与加拿大合资的“爱德威”公司。我们在背负原金属公司留下的6000多万不良资产的负担以及几乎零资产的背景下，又走上了再次创业的发展之路。又经过两年多的努力，冲掉原有的债务，金属公司又走上发展的正轨。

2000年，我又亲自写报告，阐明金属公司多项进出口业务的业绩及其技术贸易特点，尤其就铌铁进口的技术贸易对发展中国钢铁工业高性能钢铁产品的必要性及其发展前景作出说明；在总公司贸易管理部刘羽处长的帮助下，经国家经济贸易部批准，中信金属公司首次获得了独立的“进出口”权，不再需要借用总公司“贸易部”的名义了，大大减少了国际贸易中程序上的麻烦，中信金属公司成为了一个有进出口权的公司。

中信-巴西CBMM技术贸易合作10周年

1999年是中华人民共和国成立50周年，中信公司成立20周年，宝钢投产10周年，也是巴西CBMM公司和钢铁研究总院技术合作20周年以及和中信-CBMM技贸合作10周年，是一个庆祝成功活动而忙碌的一年。

当年，中信为卡马戈博士成功申报了“外国专家友谊奖”和“中华人民共和国国际科技合作奖”。他荣幸地参加了在人民大会堂的颁奖及国庆50周年招待酒会。我们还在京城大厦举办庆祝酒会，邀请了科技部部长朱丽兰，国防科工委主任刘积斌，中国工程院党组副书记第一副院长王淀佐，冶金部副部长吴溪淳，中国工程院院士翁宇庆以及中信董事长王军、副总经理黄寄春、副总经理秘增信等，共有五位正部级、三位副部级领导和大钢厂主要领导人参加了酒会，朱丽兰部长亲自为卡马戈博士颁发了“中华人民共和国国际科技合作奖”奖牌。实际上，这也是政府和国家高层领导人对中信和巴西CBMM公司合作，为钢铁工业结构调整及含铌高强度钢发展作出的贡献的充分肯定与支持。

中信微合金化技术中心

中国钢铁工业从1996年钢产量超过1亿吨后，冶金部及时提出结构调整的方针，大多钢厂开始学习宝钢的经验，适应“市场经济”模式，也开始引进和升级改造冶金装备和工艺技术，不断开发微合金化钢的新产品。由于铌在钢中的重要作用以及铌铁稳定的价格而构成“技术性和经济性”双重优势，钢厂对含铌钢有很大兴趣，含铌钢的研究与生产有了突破性发展。1999 年铌铁销量达 800 多吨，含铌钢年产量达到 200 万吨。钢铁工业结构调整形势大好。

在这样的气氛下，2000 年 9 月，在京城大厦举办了“**新世纪铌-微合金化钢发展前景**”国际研讨会，中国工程院副院长师昌绪院士、冶金部副部长翁宇庆、来自巴西、美国、德国、日本等国的专家以及国内钢厂、院所的专家出席了研讨会，共同对新世纪含铌钢技术发展进行交流和展望。专家委员会建议把“中信铌钢发展奖励基金”升格为“中信微合金化技术中心”，以适应中国含铌钢技术迅速发展的需要。

2000 年 11 月 17 日，我撰写了《关于成立中信微合金化技术中心的请示报告》，经秘总签发报集团公司。11 月 27 日，王军董事长和孔丹总经理签发批准，报中信办公厅备案后，技术中心正式成立了。王军董事长和 Camargo 博士为名誉主任，集团公司副总经理秘增信为主任，继续邀请冶金部吴溪淳副部长为副主任，我为常务副主任主持具体工作。

2001 年 4 月，在京城大厦四层会议大厅，举办了“中信微合金化技术中心成立大会暨含铌钢国际研讨会”。王军董事长、中国工程院副院长王淀佐院士、中国钢铁工业协会会长吴溪淳、宝钢总经理沈成孝、钢铁研究总院刘嘉禾以及钢厂领导、专家，来自巴西、日本、美国、德国等国的专家都出席了大会。中国钢铁工业协会李世俊司长就钢铁形势及下游产业对高强度钢需求趋势做了专题报告。会议成功地召开，在钢铁界掀起又一波研发与生产含铌高强度钢的热潮。

中信微合金化技术中心保留了原有的铌钢发展奖，并在原有技术推广工作模式基础上进一步发展。实际上，这个“中心”不同于其他工业行业的那些有实体、有特定技术专业领域，在国家计划经济模式下经国家政府部门审批后才成立的技术中心。中信公司成立本身就在“计划经济”体系之外，是邓小平实施改革开放的试验产物。中信微合金化技术中心和其前身“中信铌钢发展奖励基金”一样，是一个非政府行政系统的民间科技组织，有如下三大特色：

（1）自筹资金，没用政府资金一分钱。设立多项含铌钢技术奖励（铌钢发展奖、优秀论文奖、研究生奖学金），含铌钢联合实验室（北京科技大学、钢铁研究总院、上海大学），设立“产学研用”一体化的 R&D 科研项目，有计划地组织大型专题技术研讨会和技术培训班等一系列技术推广与研发工作。

（2）搭建了非政府性的含铌钢微合金化技术国际化合作平台和友谊桥梁；“专家委员会”成员无须经过行政审批，不拿工资，除了每年一度中信微合金化技术中心工作会议暨 R&D 项目报告会外，只是根据具体专题技术活动参与质询和指导工作。在这个平台上，同行的国内外专家都是好朋友，都是“铌钢大家庭”的成员，他们对中心工作的支持与合作、指导和帮助，始终都是中心巨大的无形财富。

（3）中信金属公司的微合金化技术团队的人员，都有良好的专业素质和开发技术市场的组织能力，是“产—学—研—用”国内外一体化的多项 R&D 课题的研发与技术推广的组织者和服务员。

技术中心的主要工作有如下几个方面：

（4）增设“中信铌钢优秀论文奖”，和“铌钢发展奖”在年度上错开，每二年一次评审和颁奖活动，以鼓励含铌钢基础理论与生产工艺技术的研究。在 2002 年举办首届“优秀论文颁奖大会”，中国工程院院长徐匡迪院士出席颁奖会，并做了发展微合金化技术的报告，有力地推动了国内含铌钢技术的深入研究。

（5）资助培养含铌钢技术后备人才：

1）1999~2009 年间，在巴西 CBMM 公司鲍迪侬先生支持下，从长期合作的钢厂的优秀工程师中，选派宝钢焦四海、鞍钢谭佃龙、武钢周桂峰等 13 人，分期分别到美国、加拿大、英国等国的大学进修铌微合金化技术。回国后，他们都是企业的重要技术骨干。在国内，中信多次举办含铌钢技术高级研讨班与讲座。

2）从 2002 年起，在北京科技大学、北京钢铁研究院、东北大学、武汉科技大学先后分别设立了“含铌钢研究生奖学金”，共有 500 多名硕士、博士生曾获得此奖学金，他们毕业后，大多数在钢厂和院所工作，是含铌钢技术的生力军。

（6）建立中信“含铌钢微合金化技术”信息传播体系：

1）建立网站：www. metal. citic. com，设立含铌钢微合金化技术资料库。

2）出版《微合金化技术》杂志（季刊）取代原来的《铌钢快讯》。

3）主办含铌钢技术专题研讨会，翻译出版《神奇的铌——在钢铁中的应用》系列丛书以及管线钢、汽车用钢、汽车零部件用特殊钢长材、钢结构、建筑钢筋、铁路大桥钢、铁素体不锈钢、耐热钢、高温合金等专题研讨会议文集，免费赠送给参会技术人员。

（7）设立与组织“铌钢研究与开发-R&D 科研”课题项目：中信和 CBMM 每年都一起，以市场为导向，作项目评估研究，再确定铌微合金化技术和新钢种开发项目，组织和资助不同的“产学研用”联合课题组开展研究与试验工作。

1）与北京科技大学、钢铁研究总院、上海大学合作，分别组建了三个铌钢联合实验室。以市场为导向，共同选题，资助院校教授和研究生们分别在含铌低合金钢、合金钢和铸造合金领域作深入理论和新产品开发的研究。

2）在“产学研用”一体化合作开发含铌钢新品种的过程中，和冶金标准院、钢厂以及用钢的下游行业合作，共同修订用钢标准（如新 3 级热轧钢筋，低合金钢，X80 管线钢，钢结构规范，汽车结构钢与排气系统用不锈钢，高性能大桥钢等）与国际标准接轨，为含铌钢品种开发与应用创造必要条件。

六、中信“产学研用”联合一体化技术开发的典型案例

进入21世纪之后，中国经济进入高速发展期，石油天然气输送管线工程、汽车、住宅和高层建筑、钢结构、船舶、公路铁路、化工、家用电器、能源电站以及国防建设等领域的发展，对高性能钢的需求不断增长，钢铁和其下游行业之间在发展高强度钢的应用性能方面急需沟通交流与合作。为此，中信微合金化技术中心和巴西CBMM一起同国内多个下游行业的协会/学会、研究院所和重点企业合作，结合国家重大工程或产业发展急需的高性能钢材，组织多项“产学研用”一体化开发计划。两个典型案例如下。

中国石油天然气输送管线工程用管线钢开发

石油/天然气是当今最重要的能源材料，采用长距离的管道输送是最高效、经济、安全及环保的方式，是欧美国家开发的技术。随着能源需求增长和技术进步，管道输送技术向高压、大口径方向发展，以扩大输送能力，提高经济效益，而高压输送过程管道焊管的安全性更是建设者所关心的。因此，管道工程对管线钢的高强度、高韧性、高可焊接性、高抗氢裂纹能力以及止裂等性能不断提出更高的要求，从而逐步推动了管线钢的发展。从1925年美国建成世界第一条焊接钢管的天然气管道用普通的碳素钢，直到1947年才逐步向APIX42，X46，X52，X56，X60，X65，X70，X80，X100，…发展。当今国际上普遍应用的管线钢为X70和X80。而在2004年，采用X80钢最长的美国夏延管线工程也只有600多公里，曾是世界管道工程的典范。

高性能的管线钢是最典型的高强度低合金钢，也是铌微合金化钢最具代表性的钢材之一，中信以发展含铌管线钢为中国钢铁工业发展微合金化技术的突破点，在20世纪90年代，首先和钢铁研究总院、北京科技大学及武钢、宝钢、鞍钢合作开发X60/X65钢，逐步开发X70。进入21世纪后，为配合中石油开始西气东输管道一线和二线工程建设国产化，积极促进国产高等级X80钢的开发，组织“产学研用”一体化技术合作，做了多方面的工作：

（1）在钢研院，北京科技大学的联合实验室等单位设立多项X70/X80管线钢研究课题，分别和宝钢、鞍钢、太钢、沙钢、首钢等钢厂合作开发X70/X80管线钢。

（2）组织国内钢铁和中石油制管厂专家出国参加 CBMM 主办管线钢技术国际研讨会，学习 HTP 技术及开发 X80 管线钢经验（2001 美国、2003 巴西、2006 巴西、2009 巴西、…）。

（3）2005~2012 年间，连续多年与钢铁协会/中石油等单位合作，分别在南京南钢、北京香山饭店、北京的长城、北京昆仑饭店等处举办“高等级管线钢及应用技术国际研讨会”。不断就含铌管线钢国内外的研究和生产 X80 钢技术与钢厂及中石油系统的工程设计人员进行技术交流。

（4）协助中石油系统专家赴美国洛基-夏延 X80 管线工程考察，完成二线采用 X80 钢的可行性研究，修订国内 X80 管线钢标准以允许采用低碳-高铌（0.11%Nb）的合金设计，生产 X80 管线钢。

（5）中信和中石油系统的规划院、西安管材研究院、渤海/宝鸡钢管厂、中石油管道局等单位组建“中信-北京科技大学-钢铁研究总院-渤海/宝鸡钢管厂-管道局”联合攻关组，开展 X80 管线钢焊接性能以及钢管环焊技术的研究。并进一步就应用 X80/X90 高等级管线钢技术标准，大应变设计，止裂与控制，焊接性能等技术，多次进行交流，并设立 R&D 项目，开展实验研究等工作。

正是在中信微合金化技术中心的平台上，将 CBMM 的国外管线钢专家与国内钢铁和中石油企业联合起来，在 X70 和 X80 管线钢开发、生产和应用技术的关键环节上，把钢铁和中石油两个行业的“产学研用”一体化有机连接起来，提前开发出高等级 X80 管线钢。因此，在 2008 年，当中石油领导决定采用 X80 钢并立即启动西气东输二线建设的时候，新首钢、宝钢、太钢、武钢、鞍钢、南钢、马钢等钢厂才能及时提供高品质的 X80 钢板（其冲击韧性都能高于标准中的 240J，而普遍都能达到 300~400J 的韧性，DWTT-100%合格），中石油钢管厂才能生产出 1420mm 直径的大型焊接钢管，中石油管道局才能在短短两年多的时间里，全线建成西气东输二线工程，从新疆横穿中国到达上海和广州，消费了 400 多万吨国产含铌钢，成为世界里程最长（8704 公里），用钢强度等级最高（X80）的天然气管线输送工程，并实现了二线建设用钢的国产化。中国仅仅用十几年时间走完了欧美等国近百年的管线钢发展的历程。

这里还应该指出的是，在二线投产前的五年中，中信和 CBMM 的外国专家始终坚持不懈地和钢铁/中石油系统的专家一起研发 X60/X65/X70/X80 管线钢，从钢板的合金设计到 TMCP 生产工艺，从钢管的焊接性能，焊接工艺到钢材止裂控制技术等大量试验研究，钢和钢管的生产合格率从最初的百分之十几逐步达到 100%，才有可能在中石油系统的领导和专家认可二线工程可以用国产的 X80 钢后，及时为工程提供世界公认的最高等级的高强度低合金钢，保证二线建设以“中国速度”顺利完成。这是中国钢铁和中石油两大系统工程技术人员共同的成果，是政府计划体系外的“产学研用”一体化成功的典型案例。

为此，中信金属公司在国家科技部设立的民间社会力量奖励计划——“中信铌钢技术进步奖”（前身为“中信铌钢发展奖”），经专家评审后，为相关多个单位的主要一线技术人员（非领导人）颁发了2010年度的“中信铌钢技术进步奖的特等奖”。

中国现代超纯铁素体不锈钢开发

随着经济的快速发展和人民生活水平的提高，中国不锈钢的消费量也迅速增长，成为世界第一不锈钢消费大国和进口大国。然而十几年前，国内不锈钢的品种多以含镍的奥氏体不锈钢（200/300系）为主，400系的铁素体不锈钢几乎是空白状态。国际市场镍金属价格大幅度波动，给300系不锈钢的生产和应用企业生产成本带来不少麻烦。

300系和400系不锈钢是以钢的组织结构为面心立方奥氏体或体心立方铁素体而区分的，不锈钢的耐腐蚀性能主要取决于钢中的铬金属（Cr）的含量，而不取决于钢的镍金属和显微组织结构，只有钢中铬金属含量在12%以上的时候，钢才具有耐腐蚀的能力，才可称作不锈钢。而钢中碳、氮气体含量的纯度是不锈钢耐腐蚀的第二位关键因素，因为钢中的碳、氮含量即便低到200μg/g，钢中的铬也会在晶界上形成铬的碳化物或氮化物，在一定环境下形成腐蚀源而沿晶界扩展造成钢的腐蚀破坏。因此，为避免晶界或减少晶界铬碳氮化物的形成，就必须用具有强碳氮化物形成能力的钛（Ti）和/或铌（Nb）金属作稳定化元素，来固定晶界的碳或氮，减少铬的流失，保证钢的耐腐蚀性。

二十多年前，在没有超纯冶炼技术前，传统的铁素体不锈钢虽然价格低廉，由于钢中碳氮含量高，加之其本身体心立方结构的缺点，在耐腐蚀性、成型性及表面质量等方面都不如300系奥氏体不锈钢好，应用受到极大限制。但是，自20世纪80年代起，随着国际上冶金装备和技术，在钢水冶炼的纯净化，真空精炼及超低碳/氮的冶炼技术的发展，美国和日本的不锈钢专家借鉴铌在汽车板带材用无间隙原子（IF）钢中固定碳的机制及铌在高强度低合金钢中晶粒细化和析出强化以及在耐热钢和高温合金中提高热强性的机制，开始研究用铌作为稳定化元素来改善传统铁素体不锈钢的成型性（尤其是深冲性能）、耐蚀性，以及高温强度等方面的性能。在欧洲、美国、日本等国家和地区，开发了一系列含Nb现代超纯铁素体不锈钢（400系），取代奥氏体不锈钢，大大降低了生产成本，生产比例和产量增长极快，特别是用于汽车排气系统的T409型铁素体不锈钢，首先在国外汽车排气系统获得普及应用，80%为铁素体不锈钢。

1997年，在东京召开首次“铁素体不锈钢”国际研讨会，当CBMM鲍迪依先生从东京开会后来到北京时，介绍了会议上关于铁素体不锈钢发展的情况，并带来会议文集，让我大开眼界。鉴于我国不锈钢发展的落后状态以及镍和不锈钢废钢资源缺乏，我认为发展现代高纯铁素体不锈钢是我国不锈钢品种结构调整的重点。随后，我们立即飞到太原，会见了太钢总工程师胡德斌，交换了研发铁素体不锈钢的想法，并要求胡总安排人翻译文集的文章，以便学习和工作参考用。但是，当时太钢的冶炼装备条件，还不具备生产超纯铁素体不锈钢的条件，正计划升级改造。

2001 年 12 月，在美国“9. 11”事件后不久，CBMM 为纪念铌金属元素发现 200 周年，在美国奥兰多举办“铌·科学技术”国际研讨会，我们邀请并组织十余人组成的中国钢铁界高层代表团参会。成员有宝钢总经理沈成孝，鞍钢总工程师郭惠久，武钢总工程师刘振清，马钢总工程师苏世怀，钢研院副院长田志凌、章洪涛，钢协副秘书长李世俊等人。那是一次在国际上系统总结 20 世纪有关“铌·科学技术”在高强度低合金钢、合金钢、不锈钢/耐热钢及高温合金等多个领域中，含铌钢技术发展的国际盛会。其中，美国匹兹堡大学 DeArdo 教授关于《铌在钢中物理冶金基本原理》，K. Hulka 和 Gray 博士关于《管线钢 HTP 技术》，日本日新制铁 Naoto. Hiramatsu 关于《铌在铁素体不锈钢和马氏体不锈钢中的作用》等报告，都对中国在 21 世纪中，含铌 X70/X80 管线钢、铁素体不锈钢及高强度钢的快速发展有非常重大指导意义。在中国如何推动中国铁素体不锈钢的发展，是我们技术市场开发工作的新任务。一如既往，我们又从宣传和介绍国外技术经验做起。我和钢研院不锈钢专家孟繁茂（红也）教授合作，收集整理国外技术资料，编写现代铁素体不锈钢文章和 PPT 演示文件，在多个不锈钢学术会议宣讲。并首先在太钢技术中心设立铁素体不锈钢 R&D 课题，为在太钢完成技术改造及宝钢新建不锈钢项目投产时，推动铁素体不锈钢发展。为此。中心又做了一系列工作：

（1）编辑出版技术资料。《神奇的铌——含铌不锈钢最新进展》（1997 年），《神奇的铌：在铁素体不锈钢中的应用》（2001），《现代含铌不锈钢》（冶金工业出版社出版，2004 年）等技术资料。

（2）设立 R&D 科研项目。2003 年，和太钢技术中心主任王立新合作，设立第一个“含铌铁素体不锈钢的研究与开发”的 R&D 项目。中信用资助项目资金，为太钢新组建的研究室购置了十几套计算机设备，解决了研究人员工作上的急需。其实，正如王立新所长说的：太钢并不缺钱，只是手续太麻烦了。这样，超纯铁素体不锈钢研发工作在太钢启动了。2010 年后又分别启动了宝钢-宜家家居的“家电用铁素体不锈钢”，宝钢-三菱的“电梯用铁素体不锈钢”及“广州体育馆钢结构用含铌铁素铁不锈钢”等合作课题，以及在太钢的“热水器用铁素体不锈钢”，在钢研院的“含铌耐热钢”等多个 R&D 项目。

（3）举办国际学术讲座。2004 年春，中信-CBMM 和太钢、中国不锈钢协会合作，在太原举办了首届“现代含铌铁素体不锈钢国际学术会议与讲座”。由中信邀请了美国、日本、巴西的专家就国外含铌铁素体不锈钢技术发展、物理冶金原理、超低碳/氮冶炼生产工艺、应用领域等专题讲座。会后，还组织专家专程到上海，对还未正式投产的宝钢不锈钢厂访问，向宝钢一批不锈钢的新手们做了专题报告，赠送技术资料。

（4）连续举办学术会议。在随后几年里，连续在北京、上海、佛山等地、协助中国不锈钢协会、钢结构协会、家电协会举办“现代铁素体不锈钢”专题学术会议，普及推广铁素体不锈钢在多个领域应用的技术。

（5）组建“产学研用”一体化的轿车排气系统用铁素体不锈钢国产化联合攻关组。2006 年，中信组建了“汽车排气系统用铁素体不锈钢国产化联合攻关组”开展以取代进口，开发可适用于在国产汽油含硫量偏高工作环境下，汽车排气系统用现代铁素体不锈钢新材料，目标是把已在一汽轿车上用的进口铁素体不锈钢 409 的寿命提高 1 倍，实现国产化。

这个议题，首先是一汽总工柏建仁同志向我提出的。当时，一汽公司正在开发红旗和奔腾轿车。他在对国产汽油品质大量分析后，发现其硫含量是日本汽油中硫含量的 70 多倍，用日本进口 409 不锈钢做的排气系统（消声器）在中国国内使用的寿命也不超过半年就腐蚀而报废了。为此，他找我商量联合攻关国产化的事。为此，我先和太钢总工程师胡玉亭商量组建联合攻关组事宜，得到胡总的支持，我又与钢铁研究总院康喜范教授、北京科技大学尚成嘉教授等沟通后，开始筹划组建联合攻关组。一次在上海，我和宝钢总经理徐乐江交谈过程中提到此事，徐总立即说：“我们宝钢也要参加进去啊!”。我只好又和胡总商量，胡总爽快同意了，解决了我们曾担心的“同行是冤家”的顾虑。2006 年 7 月，在太原召开了联合攻关组（中信-太钢-宝钢-一汽-钢研院-北科大-大连制管厂）会议，组成国内在不锈钢生产、研究和用户的强强联合攻关组。北京科技大学肖纪美院士也应邀参加了会议，给予了技术指导。之后，在研究、生产、装车路试、腐蚀试验与评价方法确立的过程中，又分别在北京、上海、杭州召开阶段和项目鉴定会。最后，共同开发了 439M 新型铁素体不锈钢，实现国产化，用于一汽红旗和奔腾轿车排气系统上，圆满完成攻关任务。2014 年，中信又和东风汽车公司技术中心合作，组建“商务车排气系统用含铌铁素体不锈钢”联合攻关组，开发了满足国 4 标准的 441 含铌铁素体不锈钢，取代原设计用 304 奥氏体不锈钢，大大节约了生产成本。

随着太钢、宝钢不锈钢公司铁素体不锈钢研发和生产技术的进步，低成本的铁素体不锈钢市场也在不断扩大，太钢和宝钢生产铁素体不锈钢的比例，从微乎其微，到 2009 年快速增长到 40%～50%，也带动其他不锈钢厂开始研发铁素体不锈钢产品。全国平均比例也增长到 20%左右。全国铁素体不锈钢产量 2016 年达到 485 万吨，铌铁在不锈钢生产中消费量达到 2388t，为世界之最。铁素体不锈钢在汽车、家电及钢结构领域的应用都得到快速发展。

在其他工业领域含铌钢应用技术推广工作

含铌钢的应用领域和市场是多方面的，尤其在汽车车体用钢及零部件用特钢长材，钢结构及公路、铁路、大桥钢，工程机械，船舶，集装箱以及火/核电站用耐热钢高温合金，铸造等领域的含铌钢技术开发，也是我们技术团队所关注的，同样也做了大量工作。仅就汽车，钢结构与铸造领域的主要工作简述一下：

（1）从 2004 年开始与中国汽车工程学会合作，共同推进中国“汽车轻量化联盟”成立，并连续多年组团（汽车/钢厂专家）参加欧洲“法兰克福汽车展”，学习借鉴国外技术经验，推动国产汽车轻量化；举办“汽车零部件用钢”研讨会，设立相关 R&D 课题等。

（2）与建设部/钢铁工业协会/钢结构协会/清华大学土木工程系合作举办“高层建筑与钢结构用钢”等国际研讨会，组织钢厂参加修订已经 35 年未变的《钢结构规范》，在清华大学设立相关 R&D 课题，为在新的钢结构规范中纳入高强度钢提供技术支持等。

（3）与上海大学、中信重工、东风汽车、中国铸造协会等单位合作，推广含铌铸铁铸钢技术，并在上海大学建立中信铸造合金联合实验室，开展相关的“产学研用”的 R&D 课题等。

（4）其他如在工程机械、耐热钢、高温合金、非晶等领域也做了大量含铌技术与材料开发工作。

七、纪念中国含铌钢技术发展30周年

2009年是国庆60周年，改革开放30周年，中信成立30周年，也是我们团队和国内外同行们，团结合作、共同推广微合金化技术与含铌钢发展的30周年，是庆祝收获与胜利的一年。

2009年10月，中信在京举办了“纪念中国含铌钢技术发展30周年”庆祝大会，中信集团公司董事长王军、中国工程院常务副院长王淀佐、中国钢铁协会会长吴溪淳、中国金属学会翁宇庆院士、钢铁研究总院院长干勇院士、宝钢副董事长沈成孝等钢铁企业领导、工程师以及来自美国，德国，巴西的国外专家，近200人参加了庆祝大会。还由冶金工业出版社出版了《铌钢春秋》一书，图文并茂地记录了中国含铌钢技术发展30年的光辉历程。

在新中国成长的60年的历史长河中，钢铁工业作为国民经济和国防建设一个重要的基础工业，“钢铁元帅”始终是我国技术创新与经济发展的领头羊。改革开放才真正地为中国钢铁工业实现“赶英超美”的梦想插上飞翔的翅膀，在改革开放30多年后，我国钢铁工业已接近或赶上发达国家钢铁工业的水平，创造了世界钢铁工业史的奇迹，为世界瞩目。

30多年前，中国钢铁工业的钢产量仅为3000万吨左右，钢材以普通钢A3（Q235）钢为主体，低合金钢的主要品种为建筑用钢筋20MnSi、中锰钢轨U71Mn、和工程结构用钢板16Mn这三大钢种，占低合金钢产量的90%以上，不能满足快速发展的经济建设需求。30多年来，在科学发展观的指导下，钢铁工业结构调整率先取得辉煌成果，先进的冶金装备和技术，广泛的国际技术交流与合作，国家“863”，“973”计划推动科学研究与自主技术的创新。我国微合金化技术和含铌钢生产与我国经济GDP和钢铁工业同步发展，是钢铁工业最具代表性的一个技术领域。在全国冶金工作者和下游产业科技人员的共同努力下，中国含铌钢生产和技术发展取得辉煌的成果。高性能的含铌钢的品种从1990年的十几个，年产量约3万吨，发展到2009年含铌钢品种增加到四百多个，年产量近4000万吨，增长1300多倍。累计生产含铌钢1.3亿多吨，为我国国民经济建设与国防建设做出巨大贡献：中国天然气西气东输二线建设工程成为世界第一；汽车制造业高速发展，产量位居世界第一；鸟巢等奥运会场馆、中国大剧院、中央电视台、首都机场、中国尊等高层建筑，高速公路/高速铁路，杭州和珠港澳跨海大桥，工程机械，大型船舶及热核电站等建设工程中，都有含铌钢的贡献。含铌钢在众多工业应用领域被作为设计时的首选，并不断地扩大其应用领域。

含铌高强度钢所用的微合金化元素是金属铌，而铌金属（Niobium）的名称是科学家以希腊神话中坦塔罗斯的女儿，“眼泪女神”尼俄伯的名字而命名的。在经典的古希腊神话中，坦塔罗斯和他的女儿尼俄伯作为凡人而触怒了其他诸神，受到了严厉惩罚，尼俄伯曾流下了“女神的眼泪”。如今，历经几千年的苦难之后，“尼俄伯”女神之神奇铌科学技术的光辉正在照耀普天大地，为中国社会和人民造福。

中信人在希腊女神“尼俄伯”的陪伴下，搭建起一座“中巴友谊金桥”和一个“国际铌科学技术的合作平台”，联合并团结了众多钢铁及其下游产业的工程技术人员，组成了一个“铌科学技术的大家庭”，在“产-学-研-用”一体化的联合体系中，和谐而有效地开展含铌钢技术攻关，为实现“钢铁强国梦想”，继续做出有益的贡献。

八、工作中的点滴花絮

X70 管线钢及“低碳-高铌”合金设计的先期研究

1975 年在美国召开的“微合金化 ’75” 国际学术会议是微合金化技术发展的里程碑。文集中大量技术资料，集中反映了欧洲、美国、日本等国家和地区 20 世纪 70 年代高强度低合金钢的先进技术：冶炼纯净化（低硫磷及夹杂物形态控制），微合金化钢合金设计（降碳，和 Nb、V、Ti 微量合金化），控轧（CR）/控冷（CC）/热机械处理工艺（TMCP）技术发展和进步。1979 年，我们课题组承担了为宝钢热连轧厂生产 X70 管线钢合金设计与工艺的预可行性研究的课题。课题组成员如饥似渴地翻译学习《微合金化 ’75》论文集有关技术文章，领会铌微合金化技术和管线钢按美国 API 标准的合金设计思想，控轧控冷工艺在热加工过程通过热变形和温度变化，控制钢的相变和最终的组织结构，以得到所要求的性能。正如东涛教授在研究报告中指出的那样：“尽管钢的类型繁多，但研究工作的重点始终是在韧性方面，即要按控制裂纹扩展速度和扩展中止裂特性的合金设计及控轧控冷工艺的最佳配合方面，要得到 X70 以上的强度级别并不是难事”。当时，我国管线用钢的研究还刚刚开始，X60 级以上钢种的生产还处于空白状态。因此，课题组的研究工作是按照宝钢引进的技术条件要求，在实验室的条件下，以厚度小于 1/2in APIX70 管线用热轧带钢为目标，研究在低碳 Mn-Nb 钢的基础上，探讨降 C、提 Nb，添加 V、Ti、Mo 等元素对钢的强韧性的影响，研究在不同控轧工艺条件下以获得高韧性在冶金学方面的依据，揭示组织结构与性能之间的一些基本规律。合金设计采用了 J. M. Gray 博士的理念：低碳（0.025%~0.01%C）、高铌（0.05%~0.11%Nb）、加钼（0~0.37%Mo）和微量钛（0.005%~0.04%Ti）的十炉试验钢，在实验室三种不同轧制工艺下进行了大量研究工作。1981 年 6 月，课题组圆满地完成任务，撰写了《合金元素对控轧微合金钢的特性影响》和《控轧低 C-Mn-Mo-Nb 针状铁素体钢的性能和显微组织研究》等论文和报告。结果证明：低 C-Mn-Mo-Nb 的 X70 钢，采用Ⅱ型控制轧制具有优良的强度和韧性配合及良好的可焊接性能。控轧低 C-Mn-Mo-Nb 钢的性能和显微组织研究结果表明：各试验钢号在不同控轧工艺条件下的组织组成均为针状铁素体（AF）、多边形铁素体（PF）和少量（M-A）岛及细小弥散的 Nb（CN）析出相的混合组织。根据微合金含量和控轧工艺条件的不同，各组成物相对体积分数是不同的。典型数值为 30%～70%针状铁素体、5%～10%的 M-A 岛、其余为多边形铁素体。而 X70 钢最佳力学性能的组织，是以针状铁素体为主（70%）的混合组织。针状铁素体组织是在物理室朱静院士、黄孝英，以及六室电镜组李雪缘等同事的帮助下，在对 X70 试验钢的显微组织精细结构做了大量试验分析后首次发现确认的。当时，除了国外文献的报道之外，对针状铁素体精细组织结构的认识，实际观察与试验研究，这在中国也是首次。

虽然，当时中国还不具备生产条件，很多人对 Nb 在钢中的作用还缺乏了解，甚至对铌在可焊性能有误解。但是，十多年后西气东输管线一线建设采用宝钢、武钢、鞍钢等钢厂生产的含铌 X70 针状铁素体钢，二线建设采用的低碳高铌的 X80-HTP 钢，都验证了钢研院先期研究成果是正确的。

出国手续的曲折

1984 年秋天，经钢二室副主任吴宝榕教授推荐，由巴西 CBMM 公司资助，我被选派到美国匹兹堡大学材料与工程学院进修，作访问学者专门从事 Nb 微合金化钢技术研究。“文革”影响犹在，好事多磨又是一波三折。那个年代，对出国人员的政审是极其严格的，我的出国手续先是经合金钢室党支部上报院党委批准，才送到冶金部外事司办理护照和出国签证手续。然而，半路杀出个程咬金。又是几位革命同志跑到冶金部外事司和党组控告我曾是造反派头头儿，不能公派出国。经部党组领导周部长批示，只好转回钢研院党委重新审查。又经合金钢室主任和党支部书记秦森、赵先存等领导再次以党支部名义为我担保，报到院党委常委会开会，经江文、张成吉书记签发，以院党委名义为我出国担保，再报送冶金部党委批准，历经两个多月才办理了出国护照和赴美签证。没想到连美国的领事馆也对我做了调查，在我的护照签证上标注了“212”符号，即中共党员的标识，以便于监控。

回国前在美国的“钢城”匹兹堡附近的公司也曾向我发出邀请，但我都拒绝了。因为我必须回国，否则我将对不起曾为我做过“出国担保”的合金钢室党支部和院党委的领导：吴宝榕、秦森、赵先存、江文、张成吉等人。

在美国的轶事

在美国两年的生活中，有很多第一次新鲜的接触和感受，对我回国后的后半生有一定的影响。

在美国的“第一次”新鲜事

1984 年 12 月 24 日，我第一次坐国际航班飞到了美国纽约，在 42 街的中国领事馆住了一夜，第二天又坐上美国的火车到了匹兹堡。当晚，在 CBMM 公司美国分公司总经理 Harry Stuart 博士的陪同下，在美国匹兹堡大学 DeArdo 博士家中度过了我平生第一个圣诞节的平安夜，第一次品尝了美国教授夫人亲手做的美国火鸡。1985 年元旦后，在办理相关入学手续的过程中，还到移民局办了一个印有社会安全号的美国身份证，用这个身份证在宾州银行开了一个实名的银行账户……在学校按美国大学的研究方式，一切自己动手开始做微合金化（Nb、V、Ti）钢连铸热塑性的实验研究工作。

第一个美国汽车驾照

1986 年，在美国匹兹堡大学中国留学生的帮助下，我通过了美国宾州交通局的电子交通规则考试，有了开车准许证（Permit），经过几天公路上的驾车实践后，在美国交警的监督下通过了路试，交了 10 美元就拿到了我人生第一个美国宾州的汽车驾照。这为以后我能在国内外开车多次接待国内外代表团创造了条件。

1986 年驾车在美国华盛顿唐人街

第一次接触中信人会见秘增信

1987 年春天，一个偶然的机会，在匹兹堡碰到了原冶金部外事司援外处的老朋友孙善民和中信兴业公司副总经理秘增信等同志。秘增信同志是 82 届北京钢铁学院轧钢专业的毕业生，曾在北大荒农场锻工车间劳动近十年，中信创业初期就随同王军董事长工作的中信人。他为人厚道，办事稳重，思维缜密，是极富事业心的领导，给我留下极好的印象，也是我后来在中信工作最大的支持者。当时，他们在匹兹堡正和美国一个华人兰先生的公司筹备建设一个钢筋厂的合资项目。和秘增信同志的接触，让我对中信公司有了些了解和兴趣。秘总还谈到荣毅仁董事长已和德国克虏伯钢铁公司董事长筹划在太原建设“30 万吨汽车用特钢棒线材钢厂”的合资项目，已上报国家计委，鼓动我参加到中信公司钢铁事业的工作中来。在和秘总等人的接触中，国内的变化和新气象也激起我思乡之情和尽快回国的决心。

国内外铌铁标准之间的矛盾

在中信推销铌铁的初期，虽然进口的巴西铌铁价格比国产铌铁价格，每吨要低 4 万元左右，但是由于国内外铌资源类型及生产工艺的不同，普通铌铁标准中的硫、磷含量存在差异，一些客户坚持采用国内的高标准，给在国内铌铁销售工作带来麻烦，都要耐心做技术分析和解释。一次，宝钢在生产 X60 管线钢过程中，一炉钢性能不合格，科技质量处在查找原因的过程中，发现巴西进口的铌铁标准中硫、磷、砷含量略高于国产铌铁的标准，就下令停止使用进口铌铁。在得知这一消息后，我立即飞到上海，直接找到宝钢总经理沈成孝同志汇报，并一起从炼钢技术角度计算分析：在宝钢 300t 的转炉中，按铌微合金化设计量（0.03%~0.05%Nb），添加入万分之几的铌铁而带入钢中的硫、磷含量是微乎其微的，不会产生任何影响。炼钢出身的沈成孝和康复总工程师接受了我的意见，立即通知有关部门可以继续使用进口铌铁生产，并查找其他的原因。但是，这也是我们在其他钢厂经常遇到的头痛难题。为此，当年中信就邀请宝钢物资部闵部长和科技处秦朝文同志一起到巴西和美国考察。回国后，宝钢重新制定了进口铌铁采购专项技术条件，以后其他钢厂也效仿宝钢，接纳了巴西 CBMM 的铌铁质保单。从此，这个专项技术条件就取代了国家标准，作为钢厂采购进口铌铁的标准一直在执行着。

宝钢铌铁库存告急

1998 年 1 月份，宝钢突然接到国外客户一笔十几万吨含铌管线钢的订单，铌铁的库存告急。按原定进口计划，从巴西用集装箱发来 100t 铌铁，从新加坡转港后将于 1 月底才能到达上海港，正赶上春节放假的时候。“用户是上帝”，我和赵志军、邱文光等立即和天津大无缝、武钢、鞍钢的领导协商借调铌铁。在鞍钢，费了一点周折，最后在吴溪淳部长和郭惠久总工程师的帮助下，从封存多年的库存中借调了 20t，勉强凑到共 40t，从各地发到宝钢。当时，正值深冬，鞍山气温在零下十几摄氏度，我们坚持跑到仓库，看着把 20t 铌铁装上大卡车，才松了口气。我们又连夜飞到上海，要赶在春节前办好通关手续。外轮预期 1 月 26 日进港，1 月 28 日就是农历大年初一，海关要放假 5 天。必须要在节前的 27 日办好通关手续，拿到港口提货单，才能确保宝钢的生产。而此时外轮还未进港，轮船公司的单据原件还没送到海关。我们就和宝钢物资部分别写报告，直接找到浦东海关关长说明告急的情况，得到理解和通融，用副件办好通关手续，当天拿到提货单，交到宝钢物资部，这才松了一口气。在除夕的夜里，我们才飞回北京，回家过了春节。从此，我们在上海、天津、大连、宁波等地陆续建立了库存基地，有计划地增加库存，始终能保证钢厂的需求。

中信独家代理权协议和会见上海市市长徐匡迪的故事

1998年夏初，我们在北京京城大厦50层“俱乐部”的音乐大厅举办了第二届“中信铌钢发展奖”颁奖大会及含铌钢国际研讨会。首次邀请了我国著名高温合金专家、中国工程院副院长师昌绪教授参加颁奖活动。CBMM总裁卡马戈博士为首的专家代表团也来华参会，中信集团公司总经理秦晓和副总经理秘增信在京城大厦会见了全体代表团。

会后，按事先CBMM的要求，中信来安排代表团访问宝钢和上海市政府的行程，并要求一定要见徐匡迪市长。对我们而言是个大难题！我只好通过中信办公厅，以中信集团公司名义，直接给徐市长写信说明情况，简要介绍宝钢含铌钢生产和中国含铌钢发展前景及中信和CBMM技贸合作历史，并特别提到美国匹兹堡大学DeArdo教授、Stuart博士也是代表团的成员，以引起徐市长关注，要求徐市长接见。徐市长作为著名不锈钢专家，对铌在钢中作用以及国外冶金技术发展趋势很是关注，尤其涉及宝钢的技术合作。这样，就把拜访市政府徐市长的事搞定了。我们按约定时间，提前到了上海。当天，突然接到上海市政府外事处电话，说由于徐市长要接待突然到访的军委副主席郭伯雄，第二天的时间有可能冲突，要取消会见，以后的时间不能确定。当大家聚在一起的时候，我告知卡马戈博士这个消息，并做了解释。他突然变脸，掏出一张纸，在我面前撕掉了，说“这本来是给予中信独家经销商的协议……会见徐市长的事，必须要搞定才行，否则……”之类的话。在场的人都非常惊讶，也让我非常尴尬和生气。当天下午，在按日程去宝钢进行访问的过程中，我又和徐市长的秘书直接电话沟通，希望能尽快落实会见的具体时间。晚上，秘书打来电话，告诉我说徐市长对代表团访问很重视，同意按原定时间安排会见代表团，并安排在会谈后，徐市长在市政府大厅宴请代表团。按原计划时间会见，还加上徐市长额外的宴请是件意外之喜，大家很快冲掉了不愉快气氛。

好事多磨，柳暗花明又一村。这样，上海市长徐匡迪院士于百忙之中，在市政府宽大的会议大厅，接见并宴请了CBMM专家代表团，我和宝钢总经理徐乐江参加了会见。在会谈时，卡马戈博士还向上海市动物园赠送了一对世界稀有的巴西狼，并出资在动物园内建设一个狼舍，作为赠送徐市长的礼物，还请徐市长为这一对巴西狼夫妇和还未出生的孩子起三个名字。徐市长幽默地结合中国钢铁含铌钢的开发，以铌和宝钢名字谐音，寓意中巴合作友谊及含铌钢技术的发展前景，为公狼起名为“宝宝”（意为宝钢），母狼为“铌铌”（意为巴西CBMM的铌铁），未来的狼儿子则叫“宝铌”（意为中巴合作的结晶），高度肯定了巴西CBMM、中信公司和宝钢在含铌钢技术合作和发展中的贡献。

正是安排徐匡迪市长的会见，中信技术市场开发的组织能力，巴西CBMM高层肯定中信公司的工作。在上海，卡马戈博士又正式邀请我尽快去巴西共同签订了中信独家代理协议。

无独有偶，1999年，CBMM公司的大老板Sellas先生亲自带高层代表团访华，又要求在访问中信后会见北京市长刘淇同志。我又一次给刘淇市长写报告，再和刘淇部长的秘书小赵同志联系，顺利地安排了刘淇在市政府大楼接见了CBMM代表团的活动。

中信和巴西前总统卢拉先生的故事

2001年初，我陪同王军董事长、秘增信总经理等中信高层代表团访问南美洲，在巴西访问了CBMM总部和阿拉莎矿山和工厂，受到高规格接待，并再次举行了一个中信和巴西CBMM铌铁技术贸易服务协议的仪式，由王军和卡马戈博士二人签字，劳工党前领袖、巴西前总统卢拉先生出席了签字仪式。

期间，在卡马戈博士的安排下，我们陪同王军董事长一起在圣保罗市一个高级私人餐厅里，再次会见了巴西劳工党前领袖卢拉先生和一位巴西著名的文化人。卢拉先生是一位中等个头，身材魁梧的人，说话声音有点粗哑而简洁，很像一位朴实的工人。在用餐和交谈过程中，卢拉先生的话语并不多，而是卡马戈博士在讲笑话过程，向王总介绍了一些巴西劳工党和卢拉先生的故事，并提到下一年巴西将开始新一轮总统竞选，提出希望中信能协助卢拉领导的劳工党代表团到中国进行一次政治访问，请中信发一个正式邀请信，并提前安排好全部行程，王军当即答应了。餐后，卡马戈博士还向王军赠送了由巴西著名球星贝利亲手签名的足球和一根用纯铌金属制作的高尔夫推杆，以表示向身兼中国足球协会副主席和中国高尔夫协会主席的王军董事长的敬意。回国后不久，王总签发了邀请信，经CBMM公司鲍迪侬先生转交卢拉先生。

2001年是巴西下届总统选举的前一年，访问中国是选前竞选活动的一部分。作为在野党，在卢拉为首的巴西劳工党代表团来华前，并没有通过政府和党的渠道与中方正式沟通过。CBMM方面基于会见上海市长徐匡迪和北京市长刘淇的经验，要求我们来办，还提出一些具体的行程和要会见的单位和领导人等一系列的要求，这是比1998年会见上海市长徐匡迪更麻烦的难题。为此，我们不得不打破常规程序，只好又通过集团以中信集团公司名义，先后写报告，打电话，上门拜访直接和有关单位（中联部外事办、上海市委、宝钢等）联系，最后敲定全部具体行程表。包括：在北京拜访中共中央对外联络部，会见中央书记处书记尉健行；访问中联部的行政管理干部学院；在上海市拜访市政府，会见上海市委书记，访问宝钢，并要求在宝钢宾馆院内种一棵“中巴友谊树”，游览浦东等一系列活动。

当卢拉为首的劳工党高层领导的代表团来北京的那天，我们从中信办公厅拿到北京机场贵宾楼特别通道的通行证，顺利接机，将代表团迎送到凯宾斯基宾馆住下。第二天，代表团首先到京城大厦 8 层会客厅，会见了中信总公司张肖副董事长。随后，卢拉夫妇等人又专程来到了 19 层的中信金属公司办公室参观，并亲笔题词：“**致中信的朋友们：希望贵公司和 CBMM 的合作关系成为人类发展的一种新模式。**”这是巴西总统卢拉先生对中信和巴西 CBMM 公司多年在铌铁业务科技合作所做出贡献的高度肯定和评价。

次日，我和鲍迪侬先生一起陪同卢拉先生的代表团，在北京按着原定行程表，访问中联部，会见党中央书记处书记、政治局委员尉健行同志；参观干部管理学院，游览了故宫、颐和园、长城。此外，还专门安排了由谢丹青等陪同卢拉夫人到王府井、红庙等商场的购物活动。在上海，卢拉等首先拜会了上海市委，然后访问了宝钢，总经理艾宝俊接待并会见卢拉代表团，并在宝钢宾馆院内种了“中巴友谊树”，参观了宝钢现场。在上海的最后一天，我们在花园酒店为卢拉及其代表团举行了一场欢送宴会，邀请宝钢董事长徐大诠副部长、沈成孝、徐乐江等领导和陈玉珊、郑磊等宝钢专家以及上海动物园的老朋友出席了宴会。我们还陪同代表团游览了上海浦东电视塔、“新天地”等地方。上海高速发展的新气象和美丽的黄浦江夜景，给卢拉和劳工党高层领导留下极其深刻的印象，在深夜回宾馆的路上，卢拉就用手机给巴西国内劳工党的竞选总部打电话，说上海就是巴西的榜样……在卢拉临行回国前，我和吕向明同志商量，还专程去买一把西式的象征权力的大宝剑赠送给卢拉先生，祝他好运，竞选成功。第二年，卢拉如愿当选巴西总统，并成功连任八年，一直和中国始终保持着良好的政治经济关系。

CITIC–CBMM 在中国的希望工程

2002 年，普通工人出身的巴西劳工党领袖卢拉当选巴西总统后，对中国政府的扶贫工作很有兴趣，想学习中国经验，他委托 CBMM 鲍迪侬先生找我帮忙。在北京，我们一起拜访了在农业部大楼的国务院扶贫办，请扶贫办把中国的经验写成《中国政府扶贫工作经验》报告（英文版）。2003 年扶贫办副主任高红彬同志应巴西政府邀请，率中国扶贫办代表团在 CBMM 鲍迪侬先生的陪同下，赴巴西参加了由卢拉亲自主持的扶贫大会，高红彬的代表团受到卢拉总统热情接见，并做了中国扶贫工作的报告。高部长回国后，还邀请鲍迪侬和我一起吃了一顿回谢的晚宴。

中信和巴西 CBMM 公司都是国际化大公司，都有承担社会公益事业的责任。巴西也是发展中国家，CBMM 在巴西一直为地方做了不少公益事业，如残疾人疗养院、戒毒戒酒所、技工学校、幼儿园以及为厂区工厂的新工人提供免费住房等。当鲍迪侬先生得知中信公司也在国内云南、西藏等地区开展扶贫工作的时候，就表示 CBMM 愿意出资参加中信在中国的扶贫工作。研究后，确定从教育入手，参与中国“希望工程”的建设。这样，在 2002~2007 年间，在有关部门的协助下，我们一起亲自跑到云南红河地区的元阳县、西藏那曲地区申扎县、陕西右玉县、河北滦平县等地考察，协商并签订协议，出资建设了四所希望小学校。我和鲍迪依还分别在元阳和滦平的小学校资助了两名小学生。

年代	希望小学名称	所在地	合 作 单 位
2002	CBMM-CITIC 中巴希望小学	云南元阳县	CITIC-CBMM-云南元阳县政府
2003	CBMM-CITIC 中巴希望学校	山西右玉县	CITIC-CBMM-中国青基会/右玉县政府
2004	CBMM-CITIC 中巴希望小学	西藏申扎县	CITIC-CBMM-西藏申扎县政府
2006	CBMM-CITIC 中巴希望学校	河北滦平县	CITIC-CBMM-承德市共青团委员会

我的巴西弟弟，一位不能忘记的朋友鲍迪依先生

鲍迪依先生（Mr. Pascoal Bordignon）是巴西 CBMM 公司技术市场开发部总经理。他在 20 世纪 70 年代从英国谢菲尔德大学冶金系研究生毕业后，在巴西一家钢厂从事了近十年含铌钢产品开发。20 世纪 80 年代初，经 Gray 博士介绍加入 CBMM 公司。从 1985 年起直到 2007 年退休，他都负责国际市场含铌钢技术研发工作，尤其关注中国的市场。从 1993 年我们在中信公司会见后，我们在几乎所有的关于含铌钢技术推广工作中，都离不开 CBMM 和鲍迪依先生的支持和帮助。我们一起合作了 20 多年，一起访问钢厂和下游客户做技术交流，组织国际研讨会，亲自陪同中国代表团访问巴西 CBMM 公司，资助并亲自安排从钢厂选派的 13 名技术人员到美国、加拿大、英国的大学进修、开展铌微合金化技术研究，一起在北京科技大学、东北大学和钢铁研究总院设立含铌钢研究生奖学金，建立联合实验室等。鲍迪依为中国含铌钢技术发展做出巨大贡献，从而也结交了众多中国朋友，大家都叫他“老鲍”或“巴西铌大使”，巴西的“小胡子”是对他的爱称，他广为中国朋友所喜爱和尊敬。如今他也退休了，来中国的机会不多了，但是，每当我有机会在一些活动中遇到老朋友们时，都会问我：老鲍呢？小胡子呢？怎么没来？都有深深思念的感情。

2002 年为纪念和表彰他为中国钢铁工业发展作出的巨大贡献，我们为他申报了 2002 年国务院外国专家友谊奖，我曾陪同他到人民大会堂，亲眼见钱其琛副总理为他颁发了友谊奖，随后他还参加了朱镕基总理的国庆招待会。2006 年春节前，外国专家局局长张建国同志给我打电话，说国家领导人在春节要举办招待会邀请部分外国专家参加，想邀请老鲍参加，我当即同意并立即电告鲍迪依尽快来京。2 月他参加了温家宝总理的春节招待会，还和温总理握手合影，这是对他在中国工作贡献的高度褒奖。

我们亲如兄弟，他叫我哥哥，我叫他弟弟。

英国皇家学会“查理斯·哈契特优秀论文奖”

早在20世纪70年代中期，巴西CBMM为推动和促进铌科学技术的发展，与英国皇家学院材料分院合作，共同设立了**“查理斯·哈契特优秀论文奖”**，旨在奖励对铌的科学技术研究有突出贡献的各国的科学家，每年从在全世界范围的学术刊物发表的铌科学技术的学术论文中筛选，再经知名专家评选出本年度的一两篇优秀论文获得该奖项。每年的夏天，在伦敦的英国皇家学院都举办一次颁奖盛会，获奖的科学家将得到用纯铌金属铸造的带有查理斯·哈契特头像的奖牌，并邀请他们到巴西CBMM进行一周的访问。

纵观近40年来历届获奖的优秀论文中铌科学技术的发展史，很具有代表性地浓缩了世界铌微合金化技术发展的历程。中国的冶金专家也遵循同一轨迹和方向前进，虽然我们起步晚了20多年，改革开放的春风和中国经济高速发展的列车却载着我们快速奔跑，追赶世界发展的脚步。从2005年起，中国含铌钢的产量已连续十年世界第一。沿着国际铌科学技术发展轨迹，中国的冶金学者在管线钢、汽车用钢、钢结构、船舶和高速公铁路、超纯铁素体不锈钢等多项领域的研究中也取得很多不错的研究成果。其中最为突出的研究论文，是北京科技大学材料科学与工程学院博士生缪成亮、张国栋在北京科技大学导师尚成嘉教授和加拿大McMaster大学S. V. Subramanian教授共同的指导下完成的铌科学论文——“Recrystallization and strain accumulation behaviors of high Nb-bearing line pipe steel in plate and strip rolling”（高铌管线钢在中厚板和热连轧过程中的再结晶和应变累积行为），获得了2011年度的“查理斯·哈契特优秀论文奖”。这项研究成果是为中国西气东输二线建设而开发与生产X80管线钢，并确保厚度在18.4mm以上卷板和更厚的钢板的高强度（550MPa）、高韧性（冲击性能大于240J，实际可达300~400J，DWTT落锤试验100%合格）以及高可焊接性的关键技术，也是CITIC-CBMM在北京科技大学及钢铁研究总院“铌钢联合实验室”多项“产学研用”联合攻关课题组多年研究成果的精华和代表作。

2011年7月，在伦敦英国皇家学院例行举办每年的颁奖会。我和夫人王美兰有幸被邀请，并和北京科技大学副校长张跃教授等中国代表团一起飞赴伦敦参加颁奖会。为遵从英国皇家学会的严谨礼仪，我还专程跑到北京秀水街买了领结和衬衣袖口的金属扣等物件。英国皇家学院的颁奖会，不像中国颁奖会那样隆重，还要请政府高官参加颁奖，而是在平和、简单而严谨的学术气氛中进行的，也没有政府高官讲话。上午来自世界各地的专家学者报到后，首先是自助酒会，老朋友相聚，结识新朋友。然后，大家聚在一起，由皇家学院有关负责人致欢迎词，祝酒。之后，大家按计划在不同的会议室，分学科领域的不同论文奖项，开各自的技术交流会。在铌科学技术专题技术报告会上，除北京科技大学尚成嘉教授代表获奖论文作者做了学术报告外，会议还邀请了多位专家就当前含铌钢研究工作做了精彩的报告。下午举办“查理斯·哈契特优秀论文奖”颁奖会，在一个小型交响乐队的轻音乐伴奏下开始，主办单位负责人宣布本年度获奖论文的题目，并分别介绍了论文的作者：缪成亮、张国栋、尚成嘉教授和 S. V. Subramanian 教授，向他们颁发了“查理斯·哈契特优秀论文奖”的证书和奖牌，在一片欢乐和祝福声中颁奖会结束了。

我和参会的同事们为中国学者能获得“查理斯·哈契特优秀论文奖”而感到无比的高兴和自豪。

九、感　　言

2010 年 8 月，在我 70 周岁的时候我正式结束了在中信的工作，离开办公室真的退休回家了。作为技术中心的名誉主任及顾问委员会主任，我还继续关注着含铌钢的技术发展，时而参加一些活动。

2010 年我和老伴 70 大寿的全家福

虽然，年轻时曾在“文革”期间参加“文化大革命”，犯了路线错误，受过委屈，那已是过去时了。我很幸运在后大半生选择了中信，是邓小平同志改革开发的路线和他创办的中信公司真正地解放了我，为我提供了一个展现自我和为社会作贡献的机会与平台。许许多多在“文革”中当过造反派的青年，都会因为在人事部门档案中的记录，在“文革”后很长一段时间里受到过“不予提拔、重用”等不公平的对待。一位对我国不锈钢技术发展作出过贡献的中国工程院院士，就曾因为在他的档案中，有在北京科技大学毕业前参加过造反派的记录，在院士评审过程中遇到极大阻力，历经几年多次评审，才得以通过成为院士，也算是幸运者。而大多数人后半生的处境是不那么乐观的。如今，不管怎样，那一代人都早已退休在家颐养天年了。我的后大半生是幸运的，因为我爱人帮我选择了中信公司。

我 1965 年毕业于北京钢铁学院，曾经在北京钢铁研究总院合金钢研究室工作 23

年。在接触到微合金化技术之前，也曾在高强度不锈钢领域做过含铌的不锈钢的课题，1979 年后又在参与含铌管线钢（X60/X65/X70）钢的研究过程中，与含铌钢结下历史情缘。在学习国外微合金化技术发展历史经验过程中，对铌金属及铌微合金化技术有了较深的了解和感情，认定“发展含铌钢是实现钢铁强国的必由之路”。1988 年到中信公司后，在荣毅仁、王军董事长等领导的中信公司里，少了很多计划经济体制下的约束和政治上的干扰，多了很多改革开放与创新的机会。我作为“中信铌钢发展奖励基金”和“中信微合金化技术中心”创始人和实际领导者，1989~2010 年退休前的 21 年中，在推广和引领中国铌微合金化技术的发展过程中，对中信公司和中国钢铁事业做了一些创新而有益的工作，而且这是在中信公司之外的任何国家科技机关和国有企业中难以实现的。

50 多年来，我参与并见证了中国钢铁工业及含铌钢微合金化技术发展的历史进程，作为一名共产党员，对我自己在中国推广铌微合金化技术及发展高强度含铌钢方面做过的一些有益工作，感到欣慰和自豪。我衷心感谢王军董事长、秘增信副总经理、徐匡迪、王淀佐、吴溪淳部长等领导们，感谢刘嘉禾、谢世柜、沈成孝、东涛、红也、王祖滨、贺信莱教授等老朋友们，感谢巴西 CBMM 公司卡马戈、鲍迪依等人以及国内钢铁下游行业的朋友们的真诚合作及长期对我们工作的全面支持。同时，也要感谢中信铌钢技术团队的年轻人辛勤而高效率的工作。

虽然在早期，我们和一些单位合作推广铌微合金化技术的过程中，也偶尔也会听到一些人说：“他们是卖铌铁的，是做买卖的……”隐隐含有“资本主义”贬义之类的话，听起来很不舒服。实际上，在市场经济如此发达的社会中，每个单位都在努力推销他们的技术和产品，各类学会（协会）在组织各种类型会议中也会收取一定会议费，教授们向国家科技部、发展改革委、工信部申报课题申请科研经费，或跑到企业开展技术合作而得到资金赞助……这不都是市场经济的正常工作模式吗？然而，中信在推广铌微合金化技术和开发含铌钢多项工作中，并没有向国家要过一分钱，没有收过任何人的一分钱会议费。我清楚地记得 1994 年秘增信同志在我汇报要成立“中信铌钢发展奖励基金”过程中，曾提到中信集团公司前董事长荣毅仁先生说过的一句话：“我们无论从事哪方面的工作，都是为了一个共同的目标——把我们的祖国建设得更加繁荣昌盛。我们做的一切事情，都要把国家放在前面。离开了国家，我们没有什么作用。”**中信人在为公司创造效益的同时，也要给国家和社会作出贡献**！多年来，荣老板的话一直激励我们中信人诚心诚意地做事。这才是问题的本质，也是一名中国共产党党员的基本素质。

在中信多年技术推广与开发工作中，我们也结交了很多朋友，“中信”和“铌钢”这两个词已广为朋友们所熟知。在我们工作交往中，甚至在学术会议的报告和讲话过程中，很多人都不叫“中信金属公司”的名字，而都习惯地叫“中信铌公司”。这些朋友们还经常说感谢“中信铌公司”的支持和帮助之类的话。我都会说：“我们是‘铌钢大家庭’，这是双赢的技术合作，没有大家的真诚合作，就没有今天的成绩。”这也是我经常告诫中信技术团队中年轻人的话。

如今，我已经退休了。我坚信在孙玉峰董事长和郭爱民总工程师领导下，为实现“中国制造 2025”的宏伟目标，在更深层次的“铌科学技术”上，中信金属公司年轻的技术团队与钢铁和用钢的下游产业的技术人员，深入开展“产学研用”一体化科研合作，联合技术攻关，开发更多更好的含铌钢，一定会为中国社会主义经济和国防建设作出更大的贡献。

2013 年我和老伴、女儿及外孙女在家中庭院合影

第二部分

情缘画册

"新世纪铌-微合金化钢发展前景"国际研讨会
The Round Table Discussion of "Prospect for
w Century development of Nb-Microalloyed ste

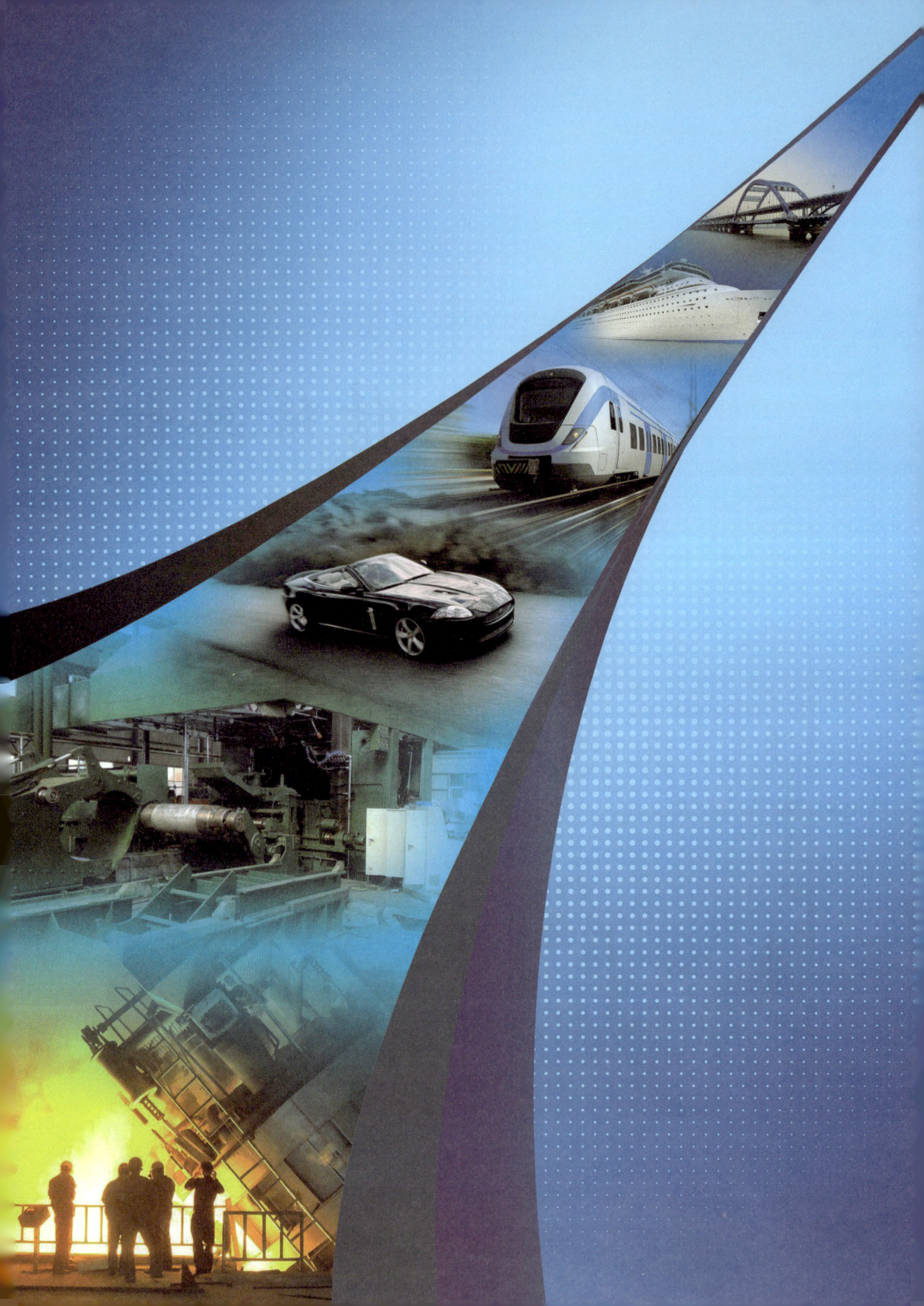

导　语

1988年我从钢铁研究总院调入中信公司后，在荣毅仁、王军等董事长领导的中信公司里，少了很多计划经济体制下的约束和干扰，多了很多改革开放与创新的机会。中信公司是改革开放的窗口，为我们的工作创造了广阔的平台。从1990~2010年的20年间，我作为中信美国钢铁公司（北京）副总经理、中信金属公司总经理、“中信铌钢发展奖励基金”和“中信微合金化技术中心”的创始人和实际领导者，在普及、推广和引领中国含铌钢微合金化技术的发展过程中，做了一些创新而有益的工作。中国高性能含铌钢的年产量从几万吨，发展到如今的4000多万吨。从2005年起，中国已连续十多年成为含铌钢产量世界第一的国家，含铌钢广泛应用在国民经济建设和国防工业的多个领域。作为一名共产党员，回忆往事我感到无比的欣慰。多年来，各级领导的关怀，巴西CBMM公司及国内钢铁和下游产业朋友们的“产学研用”一体化的真诚合作，中信铌铁技术团队的年轻人敬业精神、辛勤而高效率的工作是我们有效工作的基石，我衷心地感谢他们。

如今，我已经退休了。中国钢铁工业品种结构和发达国家钢铁工业的吨粗钢铌铁消费强度80~100g / 吨粗钢相比，还有很大差距（中国平均铌铁消费强度为25g / 吨粗钢），还需继续努力，为实现“中国制造2015”的宏伟目标而奋斗。我坚信：中信金属公司和中信微合金化技术中心在孙玉峰和郭爱民同志的领导下，将继续在更深层次上的“铌科学技术”领域，与巴西CBMM紧密合作，团结钢铁和下游用钢的多个工业领域和产业的技术人员，继续坚持“产学研用”一体化合作，开展联合攻关，共同开发更多更好的高性能含铌钢，一定会为中国社会主义经济建设和国防建设作出更大的贡献。

本部分以一些照片记录了我与中信和中国含铌钢的28年工作历程，也记录了各级领导的关怀支持，国内外朋友的真诚合作，中信金属公司团队成员的努力工作，以及在为公司建设发展作出贡献的同时，更为中国社会主义经济和国防建设急需的含铌高强度钢的发展共同作出的中信人的贡献。

辛苦了大半生，回忆过去，有欣慰，没有遗憾。

国际大厦
国际 大厦

一、加入中信及中信美国钢铁公司

1988 年 4 月 1 日，我从钢铁研究总院调到中国国际信托投资公司中信兴业公司冶金处工作，在建国门外的国际大厦（昵称为巧克力大厦）成为一名中信人。

中国国际信托投资公司（CITIC，现为中国中信集团公司），简称中信，是在邓小平关怀和支持下于 1979 年创立的第一个国际化公司，是中国改革开放的窗口。荣毅仁为中信首任董事长，徐昭隆为首任总经理。1989 年秋，在国际大厦荣董事长办公室我曾有幸向荣董事长汇报中德合资特殊钢厂项目的预研工作。王军是中信第二任总经理、第三任中信集团董事长，一直对我们的含铌钢技术开发工作给予极大的关怀和支持。

1
2|3

1　邓小平同志与荣毅仁亲切交谈

2　中信集团首任董事长荣毅仁

3　中信集团第二任总经理王军

在中信第一件工作是“中信－克虏伯－太原钢铁公司合资兴建 30 万吨汽车用特殊钢棒线材项目”可行性研究，1989 年夏，可行性研究工作组赴德国进行技术交流，成员有太钢副总经理施济成、太钢科技处李德和北京钢铁设计院、中信咨询公司等单位的领导和专家。

1
2|3

1　1989 年夏，合资项目可行性研究组在德国和克虏伯专家合影

2　付俊岩和太钢副总经理施济成（左一）及北京钢铁设计院的工程师在莱茵河的船上合影

3　付俊岩在马克思故居前留影

1989 年中信收购了位于费城以南美国特拉华州 Claymont 镇已破产的“凤凰钢厂”，成立了中信美国钢铁公司（CitiSteel USA Inc.），秘增信为第二任总经理。1988~1989 年间，我在北京负责中信美国钢厂的后勤工作：从国内选派技术与生产人员（钢铁研究总院的工程师和上钢三厂的炼钢、连铸、轧钢技师）及为钢厂新板坯连铸机设计制造出口。1990~1991 年我被派到中信美国钢厂工作。

1 1990~1991 年，在中信美国钢铁公司技术质量处办公室工作

2 中信美国钢厂办公楼

3 中信美国钢厂外景

为改造原凤凰钢厂已经设备老化、备件短缺的板坯连铸机，在国内组织西安重型机械研究所设计、上海重矿公司制造新连铸机，设备验收后出口美国。新连铸机1991年在美国安装后，曾邀请宝钢连铸专家康复、上重公司董淑冬等到厂调试生产。该连铸机是中国首次出口到美国的大型冶金装备。

1
2
3 4

1 和宝钢研究所所长康复（前排左二）、上海重矿公司经理董淑冬（前排左一）与钢厂的美国工人在连铸机调试现场合影

2 和秘增信（左二）、居为民（左三）、康复（左五）及上钢三厂技术工人在华盛顿合影

3 中信美国钢厂的板坯连铸机

4 中信美国钢厂加热炉前的板坯

经北京钢铁设计院设计改造后，中信美国钢厂于1990年投产，以短流程主要生产A36中厚板产品。

1 和中信美国钢厂总经理秘增信（左一）在巴尔的摩参观

2 在中信美国钢厂技术质量处办公室

3 生产中的中信美国钢厂的150t电炉

4 生产中的中信美国钢厂的4000mm四辊轧机

二、第一笔铌铁业务和中信美国钢铁公司北京工作组

1989 年 11 月，首次和美国 NPC（CBMM 子公司）总经理 Harry Stuart 博士签订了中信兴业公司第一笔进口 15t 铌铁合同（供应宝钢、武钢、上海冶金设备厂）。在 20 世纪 90 年代初，中国钢铁工业低合金钢产品以 16Mn、20MnSi、U71Mn 老三样为主（95% 左右），含铌高强度钢产量仅仅 3 万吨，高性能高强度钢材主要依靠进口。1991 年中信又为宝钢进口 15t 铌铁。

1991 年秋，我从中信美国钢厂回国后，经荣毅仁董事长批准成立中信美国钢铁公司北京工作组（付俊岩、孙玉峰）。1992 年春，工作组随总部从国际大厦搬到京城大厦 1205 办公室，继续开展以铌铁进口为主的技术贸易。1993 年以中信总公司贸易管理处名义又为宝钢进口 23t 铌铁。1993 年秋，CBMM 市场部总经理鲍迪依先生首次拜访中信，由此开始中信和 CBMM 的全面技贸合作。

1 | 2
3
4

1　中信美国钢铁公司北京工作组在京城大厦 1205 办公室

2　中信金属和 CBMM 铌铁业务商务主管 Vagas 先生、鲍迪依先生等在金属公司会议室会谈

3　1984 年圣诞节和 CBMM 的美国 NPC 子公司总经理 Harry Stuart 博士合影

4　CBMM 公司的铌铁制品

巴西矿冶公司（CBMM）成立于1955年，是世界上最大的铌产品生产商。2016年铌铁生产能力90000t / 年，可以满足全世界的市场需求。位于巴西Araxa附近的CBMM矿区，是世界上最大的露天铌矿，具有储量丰富、易于开采、品位高（3%以上）等许多得天独厚的优势，可供全世界连续使用500年。CBMM是世界上唯一一家能够提供各种用途要求的铌产品的厂家，产品包括普通铌铁、真空铌铁、真空镍铌、金属铌锭以及五氧化二铌等，是引领全球铌的科学与含铌钢技术发展的国际化公司。

1 CBMM位于巴西圣保罗以北450公里Araxa地区的矿山

2 铌铁冶炼电炉

3 CBMM位于Araxa地区的工厂

4 Araxa厂区一角

1993 年中信美国钢铁公司（北京）加入全国低合金钢协调组理事会，此后多年赞助“低合金钢协调组”（现低合金钢学术委员会）的工作和低合金钢学术会议，并积极访问国内各大钢厂推广铌微合金化技术。

在长春召开的低合金钢协调组工作会议后代表合影，冶金部科技司总工程师谢仕柜（前排左五）等出席

和 CBMM 鲍迪侬先生（前排右三），Vargas 先生（前排左二）等访问鞍钢，郭惠久（前排左三）、张晓刚（前排右一）等出席

20 世纪 90 年代初多次邀请东涛、孟繁茂等教授一起到钢厂做技术交流，宣讲微合金化技术，并免费赠送铌铁合金（200kg），和十几家单位（钢厂、院校）签订含铌钢开发的技术合作协议，加强含铌钢技术合作。

1　和钢研院东涛（前排右一）一起访问钢厂

2　和东涛（左一）、孟繁茂教授（左二）在邯郸钢厂技术交流

3　1996 年在济南钢厂研究所技术交流

4　1995 年在包头钢厂研究所技术交流

中信组团多次邀请钢铁行业领导出国到巴西 CBMM 和美国等国外钢厂进行技术考察，CBMM 位于 Araxa 的工厂先后接待了由中信组团的数百名中国钢铁及下游产业的领导和技术人员，从而加深对巴西 CBMM 公司铌的资源和铌在多领域高强度钢中应用的了解。

1 | 2
3
5 | 4

1　1987 年，访问巴西 CBMM 公司在 Araxa 厂区种下第一棵友谊树后与巴西朋友合影

2　1994 年，陪同宝钢总经理沈成孝（前排左二）、中信副总秘增信（前排左一）等访问 CBMM 在 Araxa 的工厂

3　在机场巴西小朋友举中国国旗的欢迎仪式是 CBMM 的传统接待节目

4　宝钢总经理沈成孝（左三）在 Araxa 厂区种友谊树后合影

5　在巴西 CBMM 的 Araxa 厂区的中巴友谊花园

1995~1997 年间，为加强国内主要钢厂和中信 - CBMM 技术贸易的合作关系，分别邀请宝钢总经理沈成孝、鞍钢林滋泉、武钢刘建功等钢厂领导先后到巴西和美国考察，并分别签订 CBMM-CITIC- 宝 / 武 / 鞍钢 - 三方技贸协议。

其后，1998 年 8 月中信和 CBMM 首次签订了中信在中国市场独家代理和技术市场开发与服务的协议，并从 2000 年起 CBMM 开始提供中国市场技术开发的费用以及外国专家来华访问的费用。

1 1995 年 9 月，在巴西签署“CBMM-CITIC- 宝钢技术贸易协议”

2 宝钢总经理沈成孝签署“CBMM-CITIC- 宝钢技术贸易协议”

3 CBMM 总裁卡马戈博士签署“CBMM-CITIC- 宝钢技术贸易协议”

4 鞍钢总工程师林滋泉签署“CBMM-CITIC- 鞍钢技术贸易协议”

1996 年，中信组团陪同冶金部领导及宝钢、武钢领导访问 CBMM 和美国 Lukens 等钢铁企业，调查国际铌资源、国外含铌钢的技术发展状况。

1
2
3 | 4

1，2　冶金部副部长吴溪淳、武钢总工刘建功、宝钢物资部长张贤善等在巴西和 CBMM 总裁卡马戈会见时合影

3，4　2000 年冶金部副部长吴建常率冶金部代表团访问巴西 CBMM，种友谊树后合影

1997 年夏，邀请宝钢、鞍钢、武钢等钢厂领导和专家访问美国钢厂（克利夫兰钢厂和中信美国钢厂）和巴西 CBMM 公司。

1 | 2
3
4

1 和宝钢总经理徐乐江在 CBMM Araxa 厂区招待所合影

2 和鞍钢总经理张晓刚在 CBMM Araxa 的招待所合影

3 宝钢总经理徐乐江（左一）和曹荫之教授（后排老者）等人在 CBMM Araxa 厂区种友谊树

4 和武钢总工程师刘建功在巴西小镇和女警察合影

1992~1999 年间，中信美国钢铁公司北京工作组的主要业务除了美国钢厂的后勤保障、铌铁进口和技术开发外，还有贵金属、高压水除鳞阀、喷嘴和废钢等进出口业务。

北京工作组与美国航特公司合作举办除鳞技术研讨会

付俊岩、邱文光（右一）和德国 Lecler 喷嘴公司的专家（中）在公司专家会谈后合影

三、中信铌钢发展奖励基金

1994 年 11 月，经王军董事长批准，创立中信铌钢发展奖励基金，下设管理委员会和专家委员会。1996 年 12 月在京城大厦举办第一届铌钢发展奖专家评审会，中信副总黄寄春，冶金部副部长吴溪淳，钢研院副院长刘嘉禾，低合金钢协调组组长贺永康，钢研院副院长那宝魁、合金钢部主任张永权、东涛、孟繁茂、王祖斌，首钢副总金永春等专家出席。1997 年 3 月 26 日在京城大厦国际会议厅主办首届中信铌钢发展奖颁奖大会，冶金部部长刘淇、中信董事长王军、中国工程院副院长王淀佐、冶金部副部长吴溪淳、CBMM 鲍迪依等出席。

1997 年 3 月 26 日，在京城大厦国际会议厅主办首届
中信铌钢发展奖励基金颁奖大会

1996 年 12 月，在京城大厦举办第一届铌钢发展奖专家评审会

1997 年 3 月 26 日在京城大厦一层大厅，首届中信铌钢发展奖励基金颁奖大会暨含铌钢技术研讨会全体代表合影。

前排中间向左：中信董事长王军，冶金部副部长吴溪淳，CBMM 鲍迪依，金属学会秘书长刘福魁，武钢总工程师刘建功，济钢总工程师温燕明，冶金部总工程师谢仕柜，上钢三厂总工程师施荣华，德国专家 Hulka Klaus 等及北京科技大学谢锡善、曹荫之，鞍钢张晓刚，钢研院东涛，武钢邵为民，天钢刘恩铨，首钢安舒君，宝钢郑磊等数十家钢厂和院所的代表。

前排中间向右：冶金部部长刘淇，中信副总经理黄寄春，宝钢总经理徐乐江，中国工程院副院长王淀佐，钢铁研究总院副院长刘嘉禾，鞍钢总工程师林滋泉，付俊岩等及鞍钢贺永康，北京科技大学贺信莱，钢铁研究总院张永权、王祖滨，铁道部贾国平，鞍钢张万山，舞钢常耀峰，东北大学刘春明等钢厂和钢铁研究总院、北京科技大学、东北大学 120 名代表出席大会。这是一次中国钢铁工业结构调整和含铌高强度钢发展的重要里程碑的盛会。

首届中信铌钢发展奖颁奖大会颁奖仪式。

1　在首届中信铌钢发展奖的颁奖大会上，冶金部刘淇部长为宝钢郑磊（管线钢）颁奖

2　王军董事长为鞍钢张晓刚（发展含铌钢）颁奖

3　王军董事长为钢研院张永权（船板钢）颁奖

1997 年中信铌钢发展奖颁奖大会期间领导专家交流。

1 首届颁奖大会前，刘淇、王军、王淀佐、吴溪淳、黄寄春等领导接见外国专家

2 冶金部刘淇部长会见德国专家 H.Klaus 先生

3 中国工程院王淀佐副院长会见 CBMM 公司专家 Clouis Sousa 先生

4 中信集团秦晓总经理在京城大厦 8 楼会客厅会见 CBMM 公司 Sellas 先生（左三），Camargo 博士（左二），鲍迪侬先生（左一）等代表团成员

1998 年第二届铌钢发展奖颁奖大会。

1 中信集团秦晓总经理会见 CBMM 老板 Sellas 先生

2 CBMM 卡马戈为武钢总工程师刘建功（14MnNb 大桥钢）颁奖

3 秦晓（右一）、黄寄春（左二）和中国工程院王淀佐（左一）、师昌绪（右二）院士等出席颁奖会

4 秦晓（前排右四）和 Sellas 先生（前排左四）及 CBMM 代表团成员合影，吴溪淳副部长（前排右一）、宝钢总经理沈成孝（前排左一）、秘增信（后排右四），付俊岩（后排右一），孙玉峰（后排左一）等出席

1998 年，中信组织安排巴西 CBMM 卡马戈率领的代表团拜见上海市长徐匡迪院士，在会谈后徐市长在市政府大厅宴请了 CBMM 和中信代表，巴西大使和宝钢总经理徐乐江参加会见。

1
2|3

1 宝钢总经理徐乐江（左五）在参加上海市长徐匡迪的会见后和代表团成员一起在上海市政府前合影

2 1998 年，陪同巴西 CBMM 卡马戈率领的代表团拜见上海市长徐匡迪院士

3 巴西大使（右一）参加会见，并和上海市长徐匡迪（中）一起合影

1998 年卡马戈拜见徐匡迪市长时，代表 CBMM 向上海动物园赠送一对巴西狼，并出资在上海动物园建设一个狼舍。徐市长为狼起名为宝宝和铌铌，未来的狼儿子叫宝铌，寓意中巴合作友谊和含铌钢技术的发展前景。巴西狼是极其稀有的动物，以香蕉、青草为主要食物，是 CBMM 出资重点保护的动物。1999 年在上海市动物园举行了赠送巴西狼的仪式。

1　CBMM 卡马戈向徐匡迪市长介绍赠送的巴西狼的情况

2　巴西狼：铌铌（左）和宝宝（右）

3　1999 年徐匡迪市长率上海代表团访问巴西 CBMM

4　1999 年在上海市动物园举行赠送巴西狼仪式时的合影

1999年CBMM老板Sellas先生和总裁卡马戈博士来华参加中信第三届铌钢发展奖颁奖会期间，和鲍迪依一起在中信金属公司办公室和付俊岩会谈。

四、中信金属有限公司和中信微合金化技术中心

1999 年，北京工作组开始对在 1989 年“学潮”之后从原康华集团并入中信的已资不抵债的原中信金属公司进行全面整合，重新组建成了新的中信集团一级子公司中信金属有限公司，我被任命为公司法人、总经理。

2000 年在京城大厦 4 层会议厅举办“新世纪铌 – 微合金化钢发展前景”国际研讨会，中国金属学会理事长翁宇庆，中国工程院院士师昌绪，钢铁研究总院副院长刘嘉禾，宝钢物资部长张贤善，美国 Harry Staurt 先生、Geoffery Tither 博士，CBMM 鲍迪侬、Tadeu Carneiro 先生，鞍钢张晓刚等国内专家出席。当年中国铌铁消费量达到 1100t，铌铁用户增长近 100 家，全国含铌高强度钢年产量已经增长到 200 多万吨，铌微合金化技术已获得广泛认知。

付俊岩和 CBMM 鲍迪侬一起主持“新世纪铌 – 微合金化钢发展前景”国际研讨会

研讨会会场

2000年11月27日，经王军董事长和孔丹总经理批准，在原“中信铌钢发展奖励基金”的基础上成立了中信微合金化技术中心。2001年中信微合金化技术中心在北京京城大厦4层会议厅举办成立大会暨含铌钢技术国际研讨会，中外冶金专家100多人出席，中心聘请多名专家和中信共同推广含铌钢技术。

中信微合金化技术中心成立之初设立了“铌钢发展奖”和“优秀论文奖”，之后又设立了“铌钢研究发展（R&D）项目基金”。2008年5月将“铌钢发展奖”“优秀论文奖”以及“铌钢研究发展（R&D）项目基金”合并为“中信铌钢科技发展奖”，获得国家科技部批准该奖项的登记，并颁发《中华人民共和国社会力量设立科学技术奖登记证书》。

1 中信微合金化技术中心成立大会
主席台左起：付俊岩、秘增信、王淀佐、王军、吴溪淳、沈成孝、鲍迪侬

2 李世俊在研讨会作新世纪钢铁工业结构调整的分析报告

3 向宝钢专家张永嘉（中）颁发专家聘任证书

4 庆祝中信微合金化技术中心成立

2002年在北京会议中心举办第一届中信铌钢优秀论文颁奖会，全国政协副主席、中国工程院院长徐匡迪院士，中信董事长王军，中国钢铁协会会长吴溪淳、中信副总秘增信，钢铁研究总院院长干勇院士，鞍钢副总经理唐复平和鲍迪依等出席。

1
2
3

1　2002年在北京会议中心举办的第一届中信铌钢优秀论文颁奖会

2　中国工程院院长徐匡迪在颁奖大会做微合金化钢未来发展的主题报告

3　优秀论文获奖者钢铁研究总院侯豁然（前排右一）等和领导合影

2003 年在舞钢召开全国中厚钢板技术交流会暨中信 -CBMM 铌钢发展奖颁奖会。

1 2
3
4

1，2　大会主席台

3　授予吴溪淳部长（左一）中信微合金化技术中心名誉主席奖牌

4　秘增信副总和吴溪淳部长（右一）颁发铌钢发展奖

2006 年夏在香山举办首届高温轧制工艺（HTP）国际研讨会及优秀论文奖颁奖会，
吴溪淳（左四）、秘增信（右三）、谢仕柜（左二）、鲍迪侬（右二）等出席

2007 年 8 月在昆仑饭店举办管线钢及钢管生产技术国际研讨会暨中信铌钢发展奖
颁奖会，中信副总经理秘增信（左二）、钢协科技环保部主任徐寅（左一）等
和获奖代表合影

自 2002 年起，中信金属有限公司和 CBMM 公司在北京科技大学设立中信 - CBMM 吴宝榕铌钢奖学金，每年评选并举办颁奖会。北京科技大学孙祖庆副校长、张跃副校长亲自监管评审工作，至 2016 年度已有 208 人次硕士生、博士生获此奖学金。

1 2002 年颁奖会主席台

2 2002 年获奖研究生合影

3 和北京科技大学孙祖庆副校长（左一）在颁奖会上

4 颁奖会技术报告会场

自 2003 年起，中信金属有限公司和 CBMM 公司在钢铁研究总院设立了中信－CBMM 吴宝榕铌钢奖学金，截至 2016 年共有 123 人次研究生获此殊荣。自 2004 年起，中信金属有限公司和 CBMM 公司在东北大学设立中信－CBMM 曹荫之铌钢奖学金，至 2016 年共有 201 人次研究生获此殊荣。

1
2
3 | 4

1　2006 年和钢研院田志凌副院长一起为获奖研究生颁奖

2　和东北大学获奖研究生合影

3　在颁奖会上发言

4　2003 年和东北大学刘春明副院长（前排左三）及获奖研究生合影

自2014年起，中信金属有限公司和CBMM公司在武汉科技大学研究生院设立中信－CBMM付俊岩铌钢研究生奖学金，至2016年共有23人次研究生获此殊荣。

1 2014年中信－CBMM付俊岩铌钢研究生奖学金捐赠仪式暨报告会合影

2 2015年和一等奖获奖学生合影

3 2015年郭爱民总工（中）和获奖学生合影

为加强含铌钢物理冶金基础理论研究和含铌钢新产品开发，2004年起中信和CBMM在北京科技大学冶金和材料学院设立铌钢研究联合实验室。

1 北京科技大学副校长谢建新（左一）参加"USTB-CITIC-CBMM铌钢研究联合实验室"成立典礼

2 和CBMM鲍迪侬先生等出席签字仪式

3 和贺信莱教授（左二）、CBMM鲍迪侬在联合实验室成立典礼上

2007 年在钢铁研究总院设立总院 -CITIC-CBMM 合金钢与低合金钢联合实验室，举办成立大会暨汽车工程用含铌特殊钢生产与应用技术座谈会，干勇院士讲话，中国汽车工程学会专家委员会主任陈一龙、CBMM 技术总监 Macos Stuart、钢研院刘浏等出席。

干勇院士在钢研总院 - 中信 -CBMM 合金钢与低合金钢联合实验室
成立大会上讲话

钢研总院 - 中信 -CBMM 合金钢与低合金钢联合实验室成立典礼

2008 年在上海大学设立含铌铸造合金联合实验室，上海大学校长助理翟启杰、德国专家 Hardy 博士、CBMM 的 Macos Stuart 先生等出席。

上海大学－中信－CBMM 含铌铸造合金联合实验室成立典礼

在成立典礼上致辞

中信－CBMM从2002年起每年设立多项含铌钢R&D项目，每年3月在北京举办含铌钢R&D项目专题报告会，组织专家对项目进展和新项目立题报告进行评定，同期召开技术中心年度工作会议。至2016年累计完成100多个含铌钢产学研用一体化科研项目。

1 2006年度中信R&D项目报告会

2 北京科技大学贺信莱教授在会上发言

3 2003年武钢研究院副院长郭爱民（左一，现为中信金属有限公司总工程师，中信微合金化技术中心常务副主任）等在京城大厦参加会议

◇ 国内外产学研用合作——管线钢 ◇

中信和 CBMM 合作多次组团到国外参加含铌钢技术研讨会（X80 管线钢 / 耐酸管线钢、汽车用钢、钢结构、海洋工程、不锈钢、高温合金等）。2006 年 2 月在巴西 Araxa CBMM 举办管线钢技术国际研讨会，中方代表：中国工程院副院长王淀佐、武钢副总经理邵为民及宝钢郑磊、武钢孔君华、鞍钢黄国建、金属所王仪康、钢研院刘清友等参会。

2006 年 2 月 CBMM 在巴西 Araxa 举办管线钢技术国际研讨会全体代表合影

中石油西安管材院前院长李鹤林院士（左二）、副院长霍春勇（右一）、
北京科技大学教授尚成嘉（右二）在招待会上

1
2|3
4

1　2006 年在巴西 Araxa 举办管线钢国际会议中国冶金代表团合影

2　代表团成员刘清友（左一）、宝钢郑磊（右一）等在招待会合影

3　武钢孔君华代表武钢、宝钢、鞍钢在大会上做中国 X80 管线钢技术报告

4　西气东输二线管线工程施工现场

1
2 | 3
4

1 2006 年 12 月在长城饭店举办石油天然气管道工程技术和 X80 管线钢研讨会

2 和 Gray 博士在河南二线现场参观

3 在西安参加 X80 管线钢断裂控制研讨会，美国管线钢专家 Gray 博士（左一）等专家出席并做报告

4 和 CBMM 马科斯在中石油巨龙钢管厂，在为西气东输二线待发运的 X80 钢管前合影

2007 年中信和中石油科技部合作在长城饭店举办石油天然气管线工程技术发展、规范与焊接国际研讨会，邀请了美国、加拿大、英国、意大利、澳大利亚等多国专家做主题报告，图为全体代表合影

新世纪高等级管线钢及钢管生产技术国际研讨会
Line Pipe Steel Metallurgy and Pipe Supply in the New Millennium

2008 年 8 月，中信在昆仑饭店主办新世纪高等级管线钢及钢管生产技术国际研讨会

1
2 | 3
4

1　2009年中信组织中石油西安管材院李鹤林院士和霍春勇副院长、中石油规划院副总工王国丽、管道局研究院专家等在巴西Araxa参加耐酸管线钢国际会议

2　2007年组织Gray一起访问太钢后和崔天燮（右一）合影

3　2007年在京城俱乐部举办X80管线钢联合课题组技术交流会

4　2012年陪同Gray博士访问南京钢厂作X80管线钢讲座后合影

1
2|3
4

1　2009 年应邀参加中国石油天然气管道局举办的国际管线钢峰会，和王仪康教授（沈阳金属所，左一）等在讲台与参会代表交流

2　和鞍钢集团公司管线钢专家张禄林交谈

3　应邀在 2009 年国际管线钢峰会作主题报告

4　中信在京城大厦组织外国专家和中石油管道局就管道环焊技术交流的会场

2009年中信组团，中国管线钢专家代表团在比利时访问根特大学。2012年中信组团，中国管线钢专家代表团在比利时参加管线钢国际会议。

1|2
3
4

1　2009年和中国管线钢专家代表团在比利时访问根特大学与Rudi博士合影

2　2012年在西安参加高钢级钢管应用国际研讨会

3　2012年和比利时大学教授Rudi博士（左五），Frank先生（左三）以及中国专家合影

4　2012年和Gray博士一起主持分会场报告会

2012 年，和 Gray 博士（右一）、首钢迁钢副总经理李明（右）在迁钢

2012 年，和 Gray 博士（右二）一起在首钢迁钢考察低锰耐酸管线钢板坯的冶炼

2013 年，在比利时参加第六届管道技术大会，与 Gray 博士（左一）及
部分中石油、中石化管线钢专家合影

2014 年，在巴西圣保罗参加低锰耐酸管线钢总结会，中信组团
中方专家代表团十余人参加会议

伴随铌钢科技发展奖、铌钢技术进步奖、优秀论文奖、研究生奖学金的实施，含铌钢基础理论和物理冶金研究不断取得创新成果，并在国际获得好评。2012 年北京科技大学 - 中信 - CBMM 铌钢联合实验室尚成嘉教授及其博士生缪成亮、张国栋等发表的论文《含铌管线钢在宽厚版和热连轧过程中的再结晶和应变积聚行为》获得英国皇家学院颁发的“哈契特优秀论文奖”。

1
2 3
4

1 尚成嘉教授在颁奖会上作报告

2 和北京科技大学张跃副校长（左一）等在伦敦参加颁奖仪式活动

3 尚成嘉教授（左一）和缪成亮博士（左二）等领取获奖证书

4 参加颁奖活动中国代表合影

◇ 国内外产学研用合作——汽车用钢 ◇

2006 年在宝钢举办汽车零部件用特殊钢长材技术研讨会上，邀请美国、德国和国内专家作报告，宝钢董事长谢启华致开幕词。2007 年在钢铁研究总院举办汽车零部件用特殊钢技术研讨会上，中国汽车工程研究院总工马明图主持会议。

1
2
3 4

1　宝钢董事长谢启华在 2006 年举办的汽车零部件用特殊钢长材技术研讨会上致开幕词

2　和宝钢特钢公司高温合金专家童朝山在高温合金研讨会上的合影

3　在 2007 年钢铁研究总院举办的汽车零部件用特殊钢技术研讨会上作报告

4　中国汽车工程研究院总工马明图主持会议

中信从 2004 年起和中国汽车工程学会合作，推动汽车轻量化工作，协调钢铁和汽车行业共同推动含铌高性能汽车用钢开发，多次合作举办相关会议和设立 R&D 项目。图为 2009 年在贵州召开的第七届汽车材料分会委员会第三次会议代表合影。一汽原总工程师姚贵升（前排左五）、一汽总工程师柏建仁（前排右四）、二汽总工程师熬炳秋（前排右五）、汽车工程学会专家委员会原主任陈一龙（前排左三）、中国汽车工程研究院总工程师马明图（前排左二）、钢铁研究总院专家程世长教授（前排右三）、二汽技术中心主任褚东宁（前排右二）、一汽技术中心主任曹正等出席。

◇ 国内外产学研用合作——不锈钢 ◇

中信引领中国现代含铌铁素体不锈钢的发展。2004 年中信在太钢举办现代含铌不锈钢首届国际研讨会，李成、李晓波、胡玉亭、鲍迪依、DeArdo 及日本两位专家等出席。2007 年，在太钢启动汽车排气系统用含铌铁素体不锈钢联合攻关项目，一汽柏建仁，北京科技大学肖纪美院士，太钢胡玉亭，以及北京科技大学、钢铁研究总院的教授等参加会议。2007 年底，在宝钢举行汽车排气系统用铁素体不锈钢国产化联合攻关签字仪式。

1　2004 年中信在太钢举办现代含铌不锈钢首届国际研讨会

2　2007 年汽车排气系统用含铌铁素体不锈钢联合攻关组代表在太钢启动会后合影

3　2007 年底在宝钢举行铁素体不锈钢联合攻关组签字仪式

国内外产学研用合作——结构钢

高强度船板用钢技术交流会

在京城大厦举办济钢 20MnSiNb——新 3 级热轧钢筋鉴定会，刘嘉禾（前排左三）、谢仕柜（前排左二）、徐寅（后排右五）、东涛（后排右二）及中国建筑研究院专家出席

2003 年参加铁道车辆钢结构用新型钢材专家研讨会

2007 年 10 月中信和钢协、建筑协会、钢结构协会联合主办高强度钢在建筑领域应用技术国际研讨会

中信积极参与建筑和钢结构标准、规范的修订工作，以推动含铌高强度钢的应用。2007 年在京城大厦举办钢结构规范，安全性与屈强比问题专题国际研讨会，美国专家 Steve 先生、钢结构协会主任陈禄如、北京科技大学肖纪美院士、同济大学沈祖炎院士、中国建筑研究院和钢结构协会的专家等出席会议。中信多次协助冶金标准研究院召开修订用钢标准会议。

1
2 3
4

1　2007 年在京城大厦举办钢结构规范，安全性与屈强比问题专题国际研讨会

2　钢结构用钢标准专家代表会后合影

3　和钢结构专家贺明玄（左一）等合影

4　协助标准研究院修订用钢标准会议，钢结构用钢标准专家代表合影

◇ 国内外产学研用合作——其他领域 ◇

中信每年组织专题含铌钢技术国际研讨会，这是传播普及含铌钢新技术的最好的舞台。

1 | 2
3
4

1　2001 年在鞍钢举办首届微合金化连铸技术国际研讨会，鲍迪侬（左二）和德国专家、张晓刚（左三）、郭惠久（右二）等出席

2　2003 年中信和马钢合作在马钢举办首届薄板坯连铸连轧技术国际研讨会，美国匹兹堡大学教授 DeArdo 博士（右一）作专题讲座

3　2005 年中信与珠江钢厂合作在珠江举办薄板坯连铸连轧技术国际研讨会，邀请 DeArdo 教授、德国克虏伯的专家 Hinsge（前排左六）等外国专家参会，珠江钢厂总工程师毛新平（前排左七），原冶金部总工程师谢仕柜（前排左三），钢铁研究总院东涛、章洪涛、王祖滨等及国内钢厂专家代表参会

4　2009 年在北京举办第二届连铸技术研讨会。美国专家 Doglas 先生（右一），CBMM 的 Stuart 先生（左一）等国内外专家出席报告会，就解决含铌钢连铸表面裂纹问题的生产技术进行交流

为推广和普及铌科学技术，中信多次在举办专题国际技术研讨会同时，还举办含铌钢微合金化技术专题讲座。

2007 年中信在湘潭举办含铌钢冶金技术高级研讨班，
与会专家和钢铁企业的学员代表合影

◇ 国际合作和交流、铌铁业务的蓬勃发展 ◇

组团出国考察，参加国际学术会议。2001 年宝钢董事长谢启华、副总经理何文波（现五矿总经理）等高层代表团访问巴西 CBMM。

1 鲍迪侬（左六），王美兰（左五）陪同宝钢董事长谢启华（右四）、副总经理何文波（右三）等在圣保罗参观

2 谢启华董事长（中）等参观 CBMM 工厂

3 谢启华董事长（前排左）在厂区种友谊树后和卡马戈博士（前排右）等合影

2001年12月，为纪念铌金属发现200周年，CBMM在美国奥兰多举办铌科学与技术国际研讨会。中信组织中国冶金系统代表团参加会议，并访问巴西CBMM在Araxa的厂区，访问团成员有宝钢沈成孝、崔键，钢协李世俊，武钢刘振清，鞍钢郭惠久，马钢苏世怀，钢铁研究总院章洪涛等。

1 2001年12月中国钢铁工业代表团在巴西CBMM合影

2 刘正东（左二）、金永春（左一）、常耀峰（右二）、高怀（右三）等在矿山参观

3 鞍钢总经理刘玠院士（左五）、张晓刚（左二）、王明仁（左三）等在矿山参观

4 CBMM在Araxa的矿区

1　2005年陪同鞍钢总经理、中国工程院院士刘玠，副总经理张晓刚，副总经理王明仁等高层领导访问CBMM

2　在欢迎仪式上刘玠和巴西小朋友合影

3　和鞍钢再次签订鞍钢－中信－CBMM三方技术贸易合作协议

2009 年陪同 CBMM 总裁大雕（左四）访问钢铁研究总院

2013 年 5 月中信组织四家股东钢厂以及中国金属学会、东北大学等单位的专家参加 CBMM 股东委员会会议和巴西国际炼钢大会

随着中信在中国推广铌科学技术的进展，铌铁销售量快速增长。2005 年春，卡马戈博士曾在中信办公室用表演魔术的方式预言当年中国市场铌铁销售量为 5000t，实际上当年中信铌铁销售量为 8110 多吨。2009 年中国铌铁销售量达到 17100 多吨，全国含铌钢年产量约为 4000 多万吨，为中国经济建设作出巨大贡献。

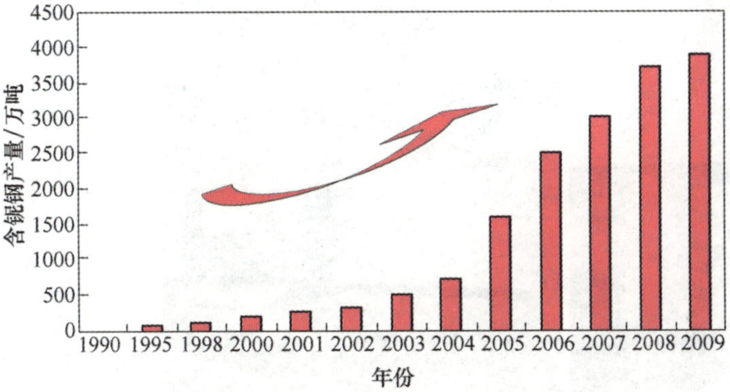

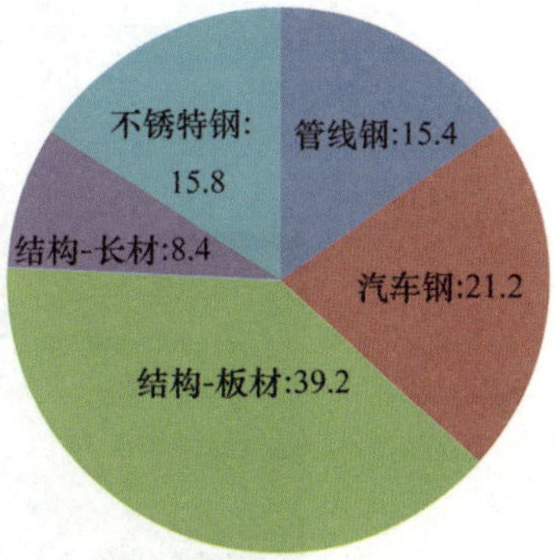

1　2005 年 CBMM 卡马戈博士（左三）在中信办公室用魔术预言当年中国市场铌铁销量

2　中国钢铁工业含铌钢产量增长趋势

3　2015 年中国铌铁在各领域消费分布图（百分比）

五、领导和师长的关怀

王军董事长思维严谨，干练果断，尤其对国内外市场的分析和把握上都拿捏得很准，对中信公司发展作出巨大贡献。多年来对中信美国钢铁公司、中信金属公司的发展及含铌钢技术市场开发工作都给予我们最大的支持。

1　王军董事长为中信微合金化技术中心创办《微合金化技术》刊物题词

2　王军董事长在 CBMM 欢迎仪式上升中国国旗

3　2001 年王军董事长访问巴西，CBMM 举行隆重欢迎仪式，鲍迪侬先生升中国国旗

2001 年初王军董事长、秘增信副总经理率中信高级代表团访问巴西 CBMM 公司。

1
2
3|4

1　王军董事长（右二）和秘增信副总经理（右一）在 CBMM 的 Araxa 厂区

2　代表团在圣保罗市访问巴西日籍著名女艺术家 Tomie Ohtake

3　王军董事长和秘增信副总经理参观 CBMM 的 Araxa 车间

4　巴西日籍著名女艺术家 Tomie Ohtake 用含铌铁素体不锈钢钢板为 CBMM Araxa 厂区创作的雕塑艺术作品

2001年初中信王军董事长访问巴西期间，中信和CBMM签订全面技贸合作协议，巴西劳工党领袖卢拉先生出席。

1 | 2 | 3

1 CBMM－中信签订全面技贸合作协议

2 王军董事长会见CBMM总裁卡马戈（前排右一）和巴西劳工党领袖卢拉先生（后排右四）

3 在宴会上卡马戈代表CBMM向王军赠送由巴西著名球星贝利签名的足球

2001 年 5 月，应中信公司王军董事长邀请，巴西劳工党名誉主席卢拉率领该党代表团访华。2002 年 10 月卢拉第四次参加总统选举并获胜，当选巴西第 40 任总统。卢拉对华友好，重视发展中巴关系，回国后多次高度赞扬中国的快速发展，呼吁巴西学习中国的经验。2004 年 5 月卢拉曾对中国进行国事访问，2006 年卢拉获得总统连任。

1
2 3
4

1　巴西劳工党领袖卢拉在中信京城大厦花园友谊树前合影

2　拜访上海市政府后，中信在上海花园酒店举办欢送卢拉代表团酒会

3　中信集团副董事长张肖女士会见卢拉及其代表团

4　在花园酒店大堂与卢拉代表团合影

2001 年卢拉应王军董事长邀请访华，期间访问中信金属公司，并为中信金属公司题词“致中信的朋友们：希望贵公司和 CBMM 的合作关系成为人类发展的一种新模式”。这是卢拉先生对中信和巴西 CBMM 公司成功合作的高度评价。

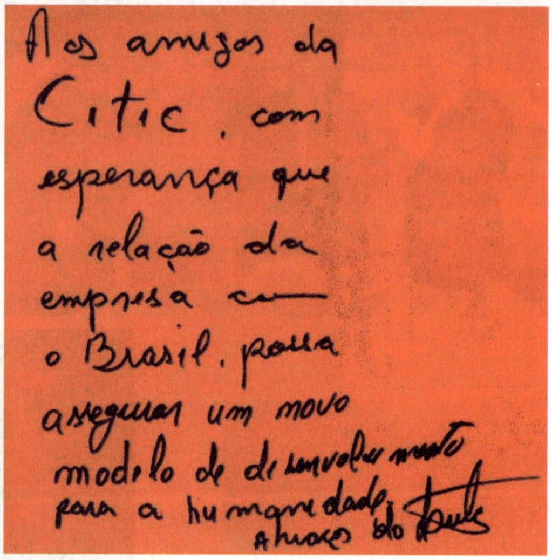
Aos amigos da
Citic, com
esperança que
a relação da
empresa com
o Brasil, possa
assegurar um novo
modelo de desenvolvimento
para a humanidade
Amigo do

1 向来访中信金属公司的卢拉先生及夫人介绍情况

2 巴西总统卢拉（2003~2010 年任职）

3 卢拉先生为中信金属公司的题词

中信集团的秘增信副总经理，1997 年 5 月任中国中信集团公司常务董事、副总经理，历任中信兴业信托投资公司副总经理、中信美国钢铁公司总经理。秘总长期领导、指导、关爱铌的科学与技术推广工作，是中信微合金化技术中心第二届主任，第三届名誉主任。

1
2
3|4

1　2016 年 3 月，秘增信副总参加中信微合金化技术中心年度工作会议暨 RD 项目汇报会

2　秘增信副总和巴西大使馆经济参赞会谈

3　2002 年 4 月，秘增信副总向唐复平颁发专家聘书

4　2015 年 3 月，在中信微合金化技术中心年度工作会议暨 RD 项目汇报会上，秘增信副总宣布铌钢优秀论文奖获奖名单

中国钢铁工业协会会长吴溪淳和吴建常副部长多年一直关心和支持中信微合金化技术中心的工作，多次出席中信会议和颁奖会。

1
2
3 4

1 中信微合金化技术中心名誉主任、中国钢铁工业协会会长吴溪淳为《微合金化技术》题词

2 1999 年冶金部副部长吴建常（左四）在京冶金部会见 CBMM 代表团

3 1997 年冶金部副部长吴溪淳访问 CBMM

4 吴建常（左二）和夫人邓琳（右二）一起在北京嘉里饭店宴请 CBMM 的鲍迪依时的合影

团结协作努力把我国微合金化钢的研究开发和推广应用提高到一个新水平。

吴溪淳
2001年2月1日

2002 年中信微合金化技术中心部分专家合影，刘嘉禾、曹荫之、姚卫熏、谢仕柜、孟繁茂教授等这几位已过世的著名老专家一直对中信铌钢发展奖励基金和技术中心的工作给予支持，我们永远深深怀念着他们。钢铁协会李世俊司长，钢铁研究总院东涛、王祖滨，北京科技大学孙祖庆、贺信莱等教授的工作贡献也是不可忘怀的。

中国低合金钢之父、钢铁研究总院副院长刘嘉禾教授多次参加中心工作年会，对铌微合金化技术的发展给予了巨大的支持。刘嘉禾主持了我国20世纪50年代中期低合金钢"16Mn"和无镍铬水面舰艇壳体用"901""902"钢的研制和开发工作，是我国无镍稀土装甲钢的主要发明人之一，核潜艇动力反应堆压力壳材料的组织者和技术负责人，曾参与制订我国低合金钢和合金钢产品标准、生产技术规程、科技发展规划及技术政策等多项工作，为我国低合金钢和合金钢的发展，以及国防用某些重要合金钢的研制开发作出重要贡献。

1 钢铁研究总院刘嘉禾院长参加铌微合金化400MPa高强度带肋钢筋试制成果鉴定会

2 2002年4月，参加中心工作年会后徐匡迪（左二）和刘嘉禾（左一）亲切交谈

3 2004年钢铁研究总院刘嘉禾院长（左二）、董翰博士（左三）等专家在京城大厦参加中心工作年会

中信为 CBMM 卡马戈博士 (Dr.Canargo) 申报 1999 年度外国专家友谊奖和 2000 年中华人民共和国国际科技合作奖。科技部朱丽兰部长在京城大厦俱乐部为卡马戈博士颁发国际科技合作奖，国防科工委主任刘积斌，中国工程院副院长王淀佐，中信董事长王军、副总秘增信等领导出席。

1　卡马戈博士在人民大会堂获外国专家友谊奖的颁奖仪式上

2　科技部朱丽兰部长在京城大厦俱乐部为卡马戈博士颁发国际科技合作奖

3　祝贺卡马戈博士获奖

2002年中信为鲍迪依先生申报了外国专家友谊奖，钱其琛副总理在人民大会堂为他颁奖。鲍迪依从1985年起来华100多次，多次组织外国专家来华参加中信举办的含铌钢研讨会和技术讲座，为中国含铌钢技术发展作出巨大贡献。

1|2
3
4

1　2002年钱其琛副总理在人民大会堂为鲍迪依颁发外国专家友谊奖

2　鲍迪依先生和夫人 Mara

3　2006年国务院春节招待会温家宝总理接见鲍迪依先生

3　和金永春、贺信莱等老朋友参加中信为鲍迪依举办的庆功会北京科技大学（原北京钢铁工业学院，我的母校）是中国钢铁工业的摇篮，曾为中国钢铁培养一大批微合金技术和含铌钢新品种开发的技术人才。

2006 年，鲍迪侬代表 CBMM 向学会赠送礼物时合影

2012 年我和 CBMM 鲍迪侬、高建滔以及中心张伟应邀参加北京科技大学 60 周年校庆活动和国外院校国际论坛，并和代表合影

2015 年鲍迪依来京，中信组织钢铁研究总院、北京科技大学、钢铁工业协会等单位的老朋友和其聚会。钢铁研究总院前副院长江君兆、田志凌副院长、章洪涛教授、邵大琴，钢铁工业协会李世俊，北京科技大学贺信莱教授等出席。鲍迪依非常热爱中国，尊崇孙中山、毛泽东、周恩来、邓小平等伟人。我们曾陪同他拜访过广州中山县孙中山故居、湘潭毛主席故居、江苏淮安周总理故居、四川广安协兴镇邓小平故居。

1 2015 年退休后的鲍迪依来京和老朋友聚会

2 2007 年在湘潭毛主席故居前合影

3 2015 年在广安县邓小平故里前合影

2016年，中信为Gray博士申报外国专家友谊奖。9月29日下午在中南海会议厅国务院副总理马凯和外国专家局张建国局长为Gray博士颁奖。Gray博士是国际著名管线钢专家，从1979年首次来华，38年来为中国铌微合金化技术和管线钢发展作出重大贡献。他帮助中国钢铁和中石油行业开发了高等级X80管线钢，2016年11月28日《人民日报》以《新一代管道建设引路人》为题对其事迹进行报道。

1　2016年在中南海和获奖后的Gray博士合影留念

2　国务院副总理马凯为Gray博士颁奖

3　2008年中信集团副总经理、中信微合金化技术中心主任秘增信在北京会见美国专家Gray博士等外国专家

2016 年 9 月 28 日，中信集团总经理王炯会见获奖前的 Gray 博士

美国朋友 Harry Stuart 博士，曾为 CBMM 在美国 NPC 公司总经理，1979~2000 年间负责 CBMM 在中国市场技术开发。他是我最早在钢铁研究总院认识的美国朋友。他曾于 1980 年在上钢一厂帮助钢厂开发生产含铌钢，1989 年访问鞍钢并做了铌微合金化技术讲座，曹荫之、贺永康、张晓刚等参加。

1|2
3

1　Harry Stuart 博士

2　冶金部钢铁研究总院吴宝榕教授（前排右三）陪同 Harry Stuart 博士（前排中）在上钢一厂讲座后与技术人员合影

3　1989 年访问鞍钢时在研究所讲座后与技术人员合影

美国 DeArdo 教授是著名微合金化技术专家，从 1985 年起他多次来华访问，参加金属学会 HSLA 国际会议做含铌钢特约技术报告，多次参加中信主办的含铌钢技术研讨会和铁素体不锈钢技术讲座，为在中国普及铌科学技术作出很大贡献。

1 1984 年圣诞节和 Harry Stuart 博士一起在美国匹兹堡大学 DeArdo 教授家作客

2 1985 年在美国匹兹堡大学留影

3 2001 年 7 月和 DeArdo 教授一起访问上海大学学术交流后合影

4 DeArdo 教授参加中信主办的含铌钢技术研讨会

日本汽车用钢专家武志宏博士等多次应邀来华进行技术讲座，在武钢进行讲座时刘建功总工程师主持交流活动，汪福成等参加。日本冶金专家桥本先生等也多次访问中国，在京城大厦和国内专家进行技术交流。

日本汽车用钢专家武志宏博士（左三）访问武钢时参观科技馆后和武钢总工程师刘建功等合影

CBMM鲍迪依及日本冶金专家桥本先生等在京城大厦和国内专家曹荫之、李世俊、田志凌等进行技术交流

2000年，中信与金属学会及美国钒公司合作在京城大厦举办首届钒氮微合金化技术国际研讨会，国际著名冶金专家科琴斯基应邀出席。科琴斯基是Microalloying'75和Microalloying'95两届国际会议的主席。1985年应他的邀请，我和鞍钢郭惠久曾到他家作客，他还亲自开车陪同我们参观美国内陆钢厂。1999年我曾陪同他在鞍钢研究所举办VN微合金化技术讲座，谭佃龙作翻译。

1 2000年，在京城大厦主办首届钒氮微合金化技术国际研讨会后和科琴斯基合影

2 1985年，和鞍钢郭惠久一同在科琴斯基家门口和其夫人合影

3 1999年，陪同科琴斯基在鞍钢研究所举办VN微合金化技术讲座

宝钢前总经理、副董事长沈成孝曾是宝钢建设和生产总指挥，从 1994 年中信铌钢发展奖励基金成立一直是中信的最有力的支持者，我最可敬的兄长。北京科技大学的肖纪美院士是著名腐蚀、断裂力学和不锈钢材料专家，对钢结构和含铌不锈钢技术开发一直给予关怀与支持，是我们大家尊敬的师长。一汽总工程师柏建仁是多年在汽车轻量化和排气系统用铁素体不锈钢开发的主要合作伙伴和朋友。

1｜2
　｜3

1　和宝钢前总经理、副董事长沈成孝合影

2　和北京科技大学肖纪美院士合影

3　和一汽总工程师柏建仁合影

六、中信 –CBMM 希望工程

◇ 中信 – CBMM 希望工程（云南元阳县箐口中 – 巴希望小学） ◇

云南省元阳县的箐口村是一个只有 158 户人家的小山村，坐落在群山环绕、山水相映、阡陌交错的哀牢山区，是哈尼族的一个民俗观光村。2002 年 11 月 26 日，箐口中 – 巴希望小学举行落成典礼。箐口中 – 巴希望小学占地面积 867 平方米，建筑面积 272 平方米，总投资 40 万元人民币，其中巴西矿冶公司赞助 3 万元美金，中信公司赞助 15 万元人民币。新建的两座二层的教室楼拔地而起，上面覆盖着草顶，远远望去，和周围哈尼族别具一格的民居蘑菇房融为一体，具有浓厚的民族特色。学校里的篮球运动场和周围的看台，成为民俗村里每年一度盛大民族活动的首选场地。教室里配置了崭新的课桌椅，办公室里摆放着电视机、VCD、扩音器等设备。当年小学校有 3 个教学班，3 名教师，在校学生 41 人。

1	2
3	4

1　2002 年在云南元阳县箐口村哈尼族中巴希望小学开学典礼

2　哈尼族学生在新教室中用新课桌上课

3　参观希望小学校园校舍

4　元阳县的大山是世界上最美的梯田

◇ 中信 – CBMM 希望工程（山西右玉中 – 巴希望学校）◇

2003 年在中国青少年发展基金会的协助下，中信和 CBMM 在山西右玉县援建中 – 巴希望学校。国务院扶贫办对外联络司江烈副司长、中国青少年发展基金会施崇刚助理总干事、山西省青少年发展基金会李增建主任以及地方政府代表等出席了落成典礼。在新建成的 5 层教学楼前的广场上，中 – 巴希望学校 1400 名师生参加了落成典礼。仪式上，山西省青少年发展基金会、中信金属公司还捐赠了价值 11.6 万元的图书和体育用品，巴西矿冶公司还捐赠了 500 余件学习用品与智力玩具。

1|2
3|4

1　和鲍迪侬先生一起参加落成庆典

2　在教室中和孩子们在一起

3　右玉县中 – 巴希望学校落成庆典

4　开学典礼上学生发言

◇ 中信－CBMM 希望工程（西藏申扎县中－巴希望学校）◇

2005 年 7 月 22 日，由中信和巴西矿冶公司共同援建的西藏那曲地区申扎县完全小学中信综合教学楼举行了揭牌仪式。申扎县位于拉萨北部寒冷缺氧的藏北高原（海拔 4700m），是中信集团援藏的对口扶贫单位。在未援建综合楼之前，县完全小学有 12 个教学班，在校生 495 人，还有一部分适龄儿童徘徊在校门之外，教师都集中在餐厅办公。教学楼建成后，教师有了一个安静舒适的办公环境，教学班达到 15 个，在校生达到了 669 人，适龄儿童入学率达到 99.7%，2004 年以全项达标的优异成绩，顺利通过西藏自治区“普六”验收。

1
2
3 4

1　县长西德同志（左一）和中信代表团的会议

2　和热情的藏民在一起

3　校舍外景

4　申扎县外景

◇ 中信－CBMM 希望工程（河北滦平中－巴希望学校）◇

2007 年 11 月 12 日，在河北省滦平县隆重举行了中－巴希望学校落成典礼，CBMM 的鲍迪依和中信金属付俊岩、孙玉峰、王伟哲、赵志军、侯豁然、黄元、李慧超、郭建勋、马卓新等出席开学典礼。滦平中－巴希望学校由中信金属公司和巴西矿冶公司捐资和当地政府筹资共同兴建，2007 年该校有教职工近一百名，在校生 1388 人，28 个教学班，占地近 30 亩，建筑面积 12000 多平方米。学校配有语音室、微机室、实验室、图书阅览室等专业教室，功能齐全，设施完备，综合楼、教学楼、学生公寓、现代化餐厅，条件优越，环境宜人，是滦平县着力打造的一所省级农村示范性初级中学。

1|2
3
4

1　和资助的小学生合影

2　2005 年 12 月，希望学校援建签字仪式后合影

3　2007 年 11 月，中－巴希望学校揭牌仪式主席台

4　2007 年 11 月，中－巴希望学校揭牌仪式合影

七、铌科学与技术推广团队

1999年根据王军董事长的指示，对中信金属公司进行了整合。2000年中信金属公司组织集体登长城活动，其中有原北京工作组成员付俊岩、刘宴龙、周宇新、赵志军、邱文光、曹铁柱、谢丹青。郭亭虎现为中信澳大利亚公司总经理，吴献文为现任中信金属有限公司董事长，孙玉峰为中信金属集团公司副董事长。

1 2000年中信金属公司组织集体登长城时合影

2 在中信金属公司办公室

3 我和郭亭虎（左一）、吴献文（右一）等在八达岭长城

2002 年，中信金属公司在北京龙庆峡组织集体滑雪活动。刘宴龙（后排右一）是 1993 年在孙玉峰到美国中信钢厂工作（1993~1998 年）后加入中信美国钢铁公司北京工作组的，多年负责办公室和财务工作，是我在工作组时期的主要助手，现为金属公司总经理。

中信金属公司铌铁业务的技术和商务团队在不断壮大。先后加入铌铁技术与商务团队的成员有：付俊岩，孙玉峰，刘宴龙，郭爱民（博士），王伟哲，王猛，赵志军，侯豁然，杨雄飞，王厚昕（博士），李惠超，谢丹青，文静，张伟，张永清，吕向民，崔天成，路洪洲（博士），王文军（博士），刘中柱（博士），朱晓轩等。

2011 年中信铌业务团队聚会时合影

2015 年 8 月，中信微合金化技术中心在北京京城大厦召开第三届顾问委员会专家受聘仪式，会后专家和技术团队合影

八、继往开来，再创辉煌

2010 年我真正退休了。在中信、CBMM 及国内钢铁及其下游产业的老朋友们一起为我退休和生日的祝福中，离开了京城大厦的办公室。虽然不坐班了，还一直关注中信微合金化技术中心含铌钢的工作，而难以忘怀。

1　和中信微合金化技术中心常务副主任郭爱民博士合影

2　2010 年和 CBMM 新技术总监 Macaus 先生在我退休欢送会上的合影

3　我和鲍迪侬在退休欢送会上合影

1 2011 年，参加中信与不锈钢协会联合举办的建筑用不锈钢及耐候钢国际研讨会

2 2014 年，参加中信与北京科技大学合作举办的汽车排气系统用铁素体不锈钢凝结液腐蚀技术研讨会

3 2014 年，参加海洋工程用钢产业技术创新联盟成立大会，中信金属为成员单位

2015 年 10 月，参加中信组织的商用车（国Ⅳ）排气系统用超纯铁素体不锈钢联合攻关项目验收会议

2015 年，参加中信组织的电梯领域高表面含铌不锈钢研发专家座谈会

2015 年参加中信和北京科技大学、东北大学、钢铁研究总院、武钢联合举办的
薄板坯连铸连轧微合金化钢国际研讨会

2016 年初参加中信与中国钢结构协会合作举办的中国钢结构协会桥梁钢结构分会理事会

1　2016 年 10 月在德国法兰克福参加欧洲车身会议

2　2016 年 10 月参加欧洲车身会议的中方代表合影

3　2016 年 12 月在上海参加汽车轻量化会议的 CBMM 专家和中信团队合影

4　2016 年 12 月底上海汽车展中信金属公司展台

中信每年举办技术中心工作年会暨R&D报告会，并邀请国内外的行业专家参会交流。2016年度参加技术中心工作年会暨R&D报告会的外国专家有Gray博士、Hardy博士、Mariana女士、Steve先生、Daoglas先生、边建、高建滔及西管院副院长霍春勇等国内专家。中钢协科技环保部是中信重要合作单位，李世俊、徐寅、姜尚清等多次出席中信组织的会议。

2016年度技术中心工作年会暨R&D报告会后和部分中外专家合影

和2016年度参加技术中心工作年会的部分国外专家合影

1
2 | 3
4 | 5

1　2016 年 12 月，在京参加中信举办的高性能 TMCP 桥梁钢生产与应用技术交流会
2　会议报告现场
3　和中钢协科技环保部姜尚清主任（左一）在 2016 年出席高性能 TMCP 桥梁钢会议时合影
4　中铁大桥局总设计师易伦雄作报告
5　世界铁路桥之最、世界首座六线铁路大桥南京大胜关长江大桥

2011 年在武汉和老朋友聚会，武钢原总工程师刘建功（前排右二）、原总工程师邵为民（前排右一，后任武汉市副市长），武汉科技大学宋亦王教授（后排右三）、武汉科技大学副院长吴开明教授（后排左一），武钢研究院副院长郭爱民（前排左一）、副院长周桂峰（后排右一 ）等。周桂峰和郭爱民二人曾在 CBMM – 中信资助下，选派到美国匹兹堡大学和路易斯安那大学进修铌微合金化技术，为期一年。

2016 年 9 月中信金属公司退休人员党支部换届选举会议后合影，我被推选为支部书记。

科学家以希腊神话中眼泪女神尼俄伯的名字命名铌金属，如今“尼俄伯”女神之神奇铌科学技术的光辉正在照耀普天大地，为中国社会和人民造福。1993 年我从巴西带回一节巴西木干，置在水中半月发芽后移种花盆，逐渐发芽生叶长大，2010 年夏天首次开花，气味醇香可持续近十天左右。这也许是中信和 CBMM 长期合作与中巴友谊结晶的象征。

1
2 | 3

1　希腊神话中的眼泪女神尼俄伯

2　1993 年从巴西带回发芽长大的巴西铁木（又叫香龙血树）于 2010 年开花

3　2010 年办公室盛开的巴西木

第三部分

媒体报道

中国冶金报　环球冶金　第3版

2001年4月4日 星期三

发展微合金化 圆钢铁强国梦

——访中信微合金化技术中心常务副主任傅俊岩

新工艺新技术

双枪脱硫效果好

科海

方坯连铸机控制新途径

新设备新装置

德开发出共振式结晶器

连铸聚焦

酸洗生产线水平活套问世

科技广角

欢迎邮购

展微合金化 圆钢铁
——访中信微合金化技术中
方坯连铸
新设备

一、发展微合金化 圆钢铁强国梦*

——访中信微合金化技术中心常务副主任付俊岩

阳春3月，万物复苏，记者得到一条信息——中信微合金化技术中心即将成立。微合金化技术的内涵是什么？成立微合金化技术中心的目的意义何在？该中心对我国钢铁工业发展能产生什么影响？带着这些问题，记者赶赴中信公司总部北京京城大厦访问了中信美国钢铁公司（北京）副总经理、中信金属公司总经理兼中信微合金化技术中心常务副主任付俊岩。付总早年是钢铁研究总院的科技人员，后又在原冶金部科技司工作，1988年到了中信后仍多年与钢铁科技工作打交道。他兴致勃勃地与记者侃侃而谈。

记者： 请教付总，什么是微合金化技术、微合金化钢？

付俊岩： 微合金化技术是20世纪70年代在国际冶金界出现的新型冶金学科。微合金化钢是采用现代冶金生产流程生产的高技术钢铁产品。它是在普通的低碳C-Mn钢中添加微量（通常小于0.1%）的强碳氮化物形成元素（如：铌、钒、钛等）进行合金化，通过高纯洁度的冶炼工艺（脱气、脱硫及夹杂物形态控制）炼钢，在加工过程中施以控制轧制/控制冷却等新工艺，通过控制细化钢的晶粒和碳氮化物沉淀强化的物理冶金过程，在热轧状态下获得高强度、高韧性、高可焊接性、良好的成型性能等最佳机械性能配合的工程结构材料——微合金化钢。这类微合金化钢已广泛用于海上石油钻采平台、油气输送管线、汽车、轮船、车辆、桥梁、高层建筑、工程机械等领域，是国家建设不可缺少的重要钢铁材料。发展微合金化钢是中国品种结构调整的主要任务，也是实现钢铁强国的必由之路。

记者： 微合金化技术既然如此重要，那么近几年来，国内钢铁工业推广应用微合金化技术的现状如何，取得了哪些业绩？

付俊岩： 在中国，微合金技术的推广应用工作是一项复杂的系统工程。我作为原冶金部全国低合金钢协调组理事，每年参加和资助全国性的低合金钢学术和工作会议。经过一段时间的筹划之后，于1994年底，经中信总公司领导批准，由中信美国钢铁公司（北京）出资100万元，建立了中信铌钢发展奖励基金。这是一个由中信公司、原冶金部、宝钢、武钢、鞍钢、钢铁研究总院等单位的高层领导和专家组成的非政府机

---

* 本文原发表于《中国冶金报》，2001-04-04（003），记者：夏杰生。

构的科技基金组织。公司以“基金”的组织形式，团结了一大批在国内外有影响的专家，与国内外冶金专家和宝钢、武钢、鞍钢等20余家钢厂进行技术交流与合作。几年来，“基金”共对宝钢等钢铁企业的16个铌微合金化钢项目进行了奖励。为推广微合金化技术，中信公司还组织专家编译并出版《神奇的铌——在钢铁中的应用》技术丛书12集。该丛书都是无偿赠送给钢厂、院所的工程技术人员和大学的师生们作为生产、研究、开发微合金化钢的参考资料。

6年来，中信铌钢发展奖励基金的工作，对我国微合金化技术推广应用起到了一定的作用，从1990到1998年间，据28个主要钢铁企业的统计，工程结构用铌、钒、钛微合金化钢产量由3万吨增至346.6万吨，占粗钢产量的比例由0.1%增至3%，占全国低合金高强度钢产量的55.1%。在这些微合金化钢中，尤其含铌钢从1995年起，取得突飞猛进的发展，2000年全国铌铁的消耗超过1000吨，含铌钢的产量超过200万吨，其中管线钢产量约占1/3以上。

记者： 既然中信铌钢发展奖励基金开展含铌微合金化技术的推广应用工作如火如荼，为什么又要成立微合金化技术中心呢？

付俊岩： 主要是为了进一步强化铌钢微合金化技术的推广工作。发达国家钢铁工业的吨粗钢消耗铌铁平均在60~80克左右，而2000年中国仅为10克左右，目前，我国的铌铁消耗量还比较低。这些数字的对比正说明中国的钢铁工业品种结构的落后，90%以上的钢种是普通低强度的碳素钢，而国家每年却消耗巨资从国外进口高附加值的钢材以满足国内经济发展的需要，极不合理。因此，中国钢铁工业必须要进行品种结构调整，借鉴国外经验，加速发展高强度低合金钢势在必行，而开发含铌微合金钢则是我国钢铁工业品种结构调整一个重要的有效举措，也是实现向钢铁强国转变的必由之路。中国钢铁工业协会已经明确提出“产品结构调整是今后十年，特别是第十个五年计划的核心任务。”而提高包括含铌钢在内的微合金钢生产比例，是中国钢铁工业产品结构调整的重要组成部分。

目前，全世界90%以上的铌是以铌铁合金的形式消耗于钢铁工业，用于生产高强度低合金钢，其消耗量紧紧依赖于钢铁工业的发展。

世界上已探明的铌资源总量约为3500万吨，其中巴西占总资源的75%，巴西矿冶公司的铌矿为世界上品位最高（2.5% Nb_2O_5），储量最大，可供世界开采500年以上，其铌产量占世界上总产量的80%，是世界上最大的铌生产基地。中国的铌资源属钽铌共生矿，品位低（0.07% Nb_2O_5）、采选困难、生产成本高。由于品质和价格上的优势，巴西矿冶公司的铌铁已成为中国钢铁工业生产高强度低合金钢的重要资源供应来源。而该公司与中信公司合作在中国推广铌铁及技术已有20多年历史。

随着钢铁工业技术进步，工程结构材料对钢材的强度、韧性、焊接性能的要求越来越高，在21世纪，中国微合金化技术的开发，必然要提升到一个新的发展阶段。中国西部大开发，尤其是“西气东输”管线工程的建设，为我国钢铁工业的结构调整和向钢铁强国的转变，带来了历史性机遇，而发展微合金化钢则是品种结构调整的主要任务，也是实现钢铁强国的必由之路。中信微合金化技术中心将在完成这一历史使命中，与巴西CBMM（巴西矿冶公司）更进一步紧密合作，共同为圆中国钢铁强国梦而作出历史贡献。这是成立中心的主要目的。

记者：微合金化技术中心成立后承担的主要任务有哪些？

付俊岩：中信微合金化技术中心下设专家委员会，专门负责市场研究、技术推广等工作，出版《微合金技术》刊物宣传微合金化技术，设立中信-CBMM铌钢发展奖、中信-CBMM铌钢微合金化技术优秀论文奖和中信-CBMM铌钢奖学金，以奖励在铌钢方面有突出贡献的单位、科研人员和学生。

中信微合金化技术中心将依据中国特定的国情，发扬为钢铁工业及最终用户服务的一贯传统，努力坚持科工贸一体化的经营方针，确定以促进国内外微合金化技术的交流合作，推动国内微合金化技术的不断进步，合作开展微合金化钢的研究、生产和应用，促进中国微合金化技术的进步为宗旨。“中心”要成为连接经营与市场需求的纽带，衔接生产企业与使用部门之间的桥梁，以技术服务、技术咨询和技术传授为己任，在微合金化技术普及和技术创新两个层次上发挥“中心”及专家的作用，为中国冶金工业品种结构调整，加速发展中国高强度低合金钢和合金钢作出贡献。

具体说，中信微合金化技术中心主要承担下列5项任务：

一是国内外微合金化技术发展趋势和市场需求分析。二是编制中长期铌微合金化钢市场开发规划和钢材品种结构调整及相关技术开发工作的建议。三是微合金化重大技术问题的咨询。四是各项奖励项目（CITIC-CBMM铌钢发展奖，CITIC-CBMM优秀论文奖，CITIC-CBMM优秀研究生奖学金）的评选。五是年度铌微合金化技术开发研究项目的技术价值和创新性评估及审定工作。

简言之，中信公司将和钢铁业同行们共同努力，促钢铁强国梦早日圆。

二、为了钢铁强国的梦想*

中信公司王军董事长与巴西矿冶公司(CBMM)总裁卡马戈在巴西签定双方的技术合作协议

钢铁为20世纪工业文化的繁荣和发展写下浓墨重彩的一笔，钢铁也为中国摆脱屈辱的半殖民地历史而跻身民族自强之林立下了不朽的功勋。成为世界钢铁强国是中国几代人追求的梦想。中信公司在为引进、推广和普及高强度低合金钢的微合金化技术的工作中作出了卓越贡献。中信人的远见卓识和奋斗精神令人钦佩。因为他们认识到，在国民经济建设的大系统中，钢铁的微合金化技术虽然是一个小小的专业领域，但从我国钢铁工业要不要紧跟国际技术发展的趋势而论，在当前中国钢铁工业的结构调整中却又是一项重大的决策。

巴西矿冶公司(CBMM)总裁卡马戈赠送的铜牌标志着与中国合作的开始

巴西矿冶公司对鞍钢进行访问

1996年，是中国人应当铭记的一年。这一年，中国的粗钢产量突破1亿吨，并连续六年钢产量位居世界第一。成为世界最大的钢铁生产国和钢材消费国。

我国为了实现钢铁生产大国这一梦想，经过了几代人的艰辛和探索。虽然“大炼钢铁”“赶英超美”的激进做法折射出新中国成立初期我们对现代工业认识的局限性，但是毋庸置疑，中国的有识之士从多年痛苦的经历中深刻地认识到，没有现代化的钢铁工业就没有现代化的制造业。钢铁工业是一个国家实力的体现，是中华民族摆脱屈辱的半殖民地历史跻身自强民族之林必不可少的物质基础。

钢铁材料作为国民经济的基础原材料在新中国成立初期实现工业化的急速进程中发挥了无可代替的重要作用，始终是党和国家领导所关心的重中之重。“鞍钢宪法”“以钢为纲”，成为一个时代的特征。

---

* 本文原发表于《中国市场》，2002，5月号：14~17，记者：杜众远。

改革开放极大地解放了社会生产力，经济的高速增长导致对钢材的大量需求，引发了普遍性的钢材短缺，价格上涨。中国钢铁行业多年来一直面临着巨大的需求缺口，实行产量扩张政策自然也就成为必然的选择。

2001年12月6日中国钢铁工业代表团访问CBMM

品种结构调整，是中国钢铁工业迈向钢铁强国的必由之路

中国和巴西的铌专家

现在，当中国成为世界钢铁生产第一大国时，我们却发现，仅仅是钢铁生产大国还远远不够，我们还不得不面对这样一个看似矛盾的现象：一方面，国内钢铁生产能力相对过剩，许多钢铁企业开工不足、效益下滑；另一方面，国内各类高附加值的精细钢种短缺，国家每年必须花费大量的外汇去购买各类急需的特种钢、高强度低合金钢（微合金化钢），并且随着中国工业制造水平的持续提高，对钢的品种质量要求也将会越来越高。而国内的众多钢铁企业却难以满足这一高层次的需求。出现这一矛盾现象的具体原因就在于多年的钢材卖方市场和计划经济体制使我国钢铁工业企业水平在低水平徘徊，装备技术及钢铁品种结构落后，90%以上的钢种是普通碳素钢，品种结构极不合理。事实上，中国作为尚未完全进入后工业化的发展中国家，在钢铁生产上遇到的问题，是大多数工业化初期国家所遇到的通病，即企业缺乏以技术进步为支持的内涵式增长，钢铁工业发展到现阶段出现了制约进一步增长的“技术投入瓶颈”。

微合金化技术，是钢铁行业持续前进的推动力。从1996年中国成为世界最大产钢国，直到现在仍然雄居第一。中国已经向世界证明了其在钢铁工业的重要地位。但不论是从全国人均钢产量，还是从钢材的品种结构、产品质量以及技术进步因素增加经济效果等诸方面衡量，与发达国家相比尚有不小的差距。

20世纪70年代，美国阿拉斯加州和前苏联西伯利亚地区石油、天然气管线工程的大规模建设，对管线钢不断提出高强度、高韧性、高可焊接性及耐蚀性的要求，市场的需求不仅有效地推动了钢铁工艺技术和生产装备的改造，而且开拓了一个称之为微合金化钢的新型钢材品种门类。

微合金化钢是在现代化冶金生产流程条件下生产的高新技术钢材，微合金化技术是国际冶金界在20世纪七八十年代发展起来的一项高新技术。在钢中加入微量的铌（Nb）、钒（V）、钛（Ti），还有钼（Mo）等，可以在热加工的过程中对钢材的物理、化学，组织结构及力学性能产生十分明显的影响。在世界范围内经过近半个世纪的技术开发和应用，钢的微合金化技术成为20世纪冶金技术发展中最具影响力的成就之一。实现这项技术的前提及相关条件是，对钢冶炼纯净化，控制轧制和控制冷却等热机械处理工艺技术的高效化。权威人士曾做出这样评价：20 世纪钢铁工业几度兴衰，钢铁材料在与铝材、塑料、高分子材料、陶瓷等新兴材料的使用价值的竞争中，牢固地保持着工程结构基础原材料的首选地位，有赖于冶金技术的出色创新，其中至关重要的莫过于冶炼纯净化、轧制高效化和钢的微合金化的贡献。

钢铁中的“黄金分割律”

数学中的“黄金分割律”向人类揭示了大自然的一项奥秘，0.618 作为整体与局部的一个最佳分割点，使人类找到了最合适的选择比例。在高强度微合金化钢中，以微量的铌、钒、钛等元素加入，既能够提高钢的强度，又能够同时保持韧性、焊接性、成型性等其他综合性能。微合金化技术的引入，无疑使人类找到了钢铁世界的奥秘。当然，同所有工程学科一样，钢铁中的“黄金分割律”还必须依靠有效的工艺流程去实现。在此之前传统的提高钢的强度的办法是提高其中的碳含量，但这样做必须以牺牲钢的焊接性、韧性和成型性为代价。无怪乎钢铁学界人士又亲切地将神奇的“铌”称为钢铁中的“味精”。

汽车排气系统——含铌的铁素体不锈钢的主要用途

钢铁专家为中国钢铁工业“点石成金”

历史将不会忘记，中国国际信托投资公司为我国低合金钢与合金钢事业发展、为微合金化技术推广应用、为钢铁工业的钢材产品结构调整、为钢铁大国向钢铁强国迈进作出了重要贡献。早在 1988 年，中信首任董事长荣毅仁先生就着手启动实施几个大的冶金高新技术项目，为此调集了冶金部钢铁研究总院的付俊岩等一批高级技术人才，并成立了相应的工作机构，他们从自营进口巴西矿冶公司（CBMM）的铌铁贸易开始，倾全力推动发展中国的高强度低合金钢，开发含铌微合金化钢。并由此加快了中国钢铁行业产品结构调整的步伐。

含铌的超耐热不锈钢(高温合金)——制造民用和军用飞机引擎的主要材料

在巴西圣保罗以北约 400 公里的阿拉莎，蕴藏着世界上最丰富的铌矿资源，占全球总储量的 70%，按照现在铌的消耗水平，至少可以满足全世界使用 400

年，著名的巴西矿冶公司（CBMM）的矿区和工厂就坐落在这里。由于市场价格因素的作用，从巴西进口高质量的铌铁，不仅资源有保证，且价格和生产成本也有很强的竞争力。改革开放初期，中国钢铁企业对含铌微合金钢的应用技术却知之甚少。中信公司的铌铁贸易在艰难中起步，为了把含铌微合金化钢的技术引进中国，付俊岩和他的同事们坐火车、挤公共汽车、住简陋的钢厂招待所，奔走武钢、上钢一厂、宝钢等钢铁企业，向企业普及铌铁微合金化技术、应用中的工艺问题，通过大量的技术咨询和技术服务，开拓铌铁应用市场。毕业于北京钢铁学院的付俊岩总经理回忆说，他从1965~1987年在钢铁研究总院一直从事金属材料研究和铌钢的开发。1979年起他和东涛教授等人就一同进行微合金化技术和石油天然气输送管道用X60/X65，X70级管线钢的研究，发表了一批研究成果和论文，如《国内外石油天然气输送管线用钢》《微合金钢冶金学的新发展》《控轧低碳C-Mn-Mo-Nb针状铁素体钢的性能和显微组织》等。还和孟繁茂教授等人一起进行的长征二号运载火箭第三级“液氢、液氧发动机燃烧室外壁材料”的研究课题，曾荣获1988年国家发明二等奖。长期的专业研究生涯使付俊岩较早认识到，铌作为重要的国防战略物资，在冶金工业中是生产低合金高强度钢、合金钢和高温合金的重要元素，是有效改善钢铁的物理化学性能、提高钢材附加值、达到高强度轻量化的有效手段。而1990年中国的铌铁消耗量不足50t，反观西方发达国家的钢铁工业中，年平均铌铁消耗量在4500~7000t，这些数字的鲜明对比，表明中国钢铁工业品种结构的落后。开发含铌微合金化钢，加速发展中国的高强度低合金钢势在必行。

铌微合金钢以卓越的高温强度作为难熔材料应用于航空航天工业

石油化工工业——以超耐热合金著称的铌微合金化钢已经开始在诸如核工业、低温物理及石油化工等领域使用

轿车面板——含铌微合金冷轧钢带的主要用途

具有高强度和高韧性的铌微合金化钢大口径高压石油、天然气输送管

中信人的气魄

经过艰辛的市场开拓，1994年，中信的铌铁销售额已增长到94t，占当时中国市场份额的70%，初步

形成了气候。秘增信副总经理高屋建瓴地指出：中信是国家的大公司，既要把铌铁业务扩大，更要为中国钢铁工业发展做出贡献。为此，中信人不仅在铌铁贸易领域，而且在技术市场开发工作方面上升到一个新高度。中信人开始了在铌微合金钢技术领域的引进和普及工作。同年底，在中信公司王军董事长、秘增信副总经理等领导的关心和支持下，出资 100 万元建立了中信铌钢发展奖励基金（1998 年巴西铌公司 CBMM 也加入该基金）。通过“基金”的组织形式，中信公司团结了一大批在国内外冶金界有影响的领导和专家，共同推进中国含铌微合金化钢应用技术的开发，由企业出资设立基金，推动一项专业技术的开发和应用，在国内实属罕见，多年来的实践证明：“基金”对我国钢铁工业品种结构调整产生了巨大的影响和作用。

2001 年 4 月，在中信-巴西铌公司铌钢发展奖励基金的基础上，中信微合金化技术中心成立。它标志着中信坚持为钢铁工业及最终用户服务，促进国内外微合金化技术的交流合作，共同开展微合金化钢的生产和应用，促进中国微合金化技术的进步。该中心的成立，进一步加大了微合金化技术在中国的推广力度。

十年来，正是在中信公司深入不断的技术支持下，我国含铌微合金化钢取得了突破性发展。十年来，中国钢铁企业采用巴西矿冶公司（CBMM）铌铁共生产了近 1000 万吨含铌高强度低合金钢。这些优质钢材不仅为国家大量减少了进口，更让我国许多大型骨干钢铁企业感受到了科技进步带来的实惠。在我国开发生产的含铌钢中，最具典型的有宝钢开发生产的石油天然气管线钢，汽车用 IF 钢，武钢生产的管线钢和大桥钢，舞钢和浦钢开发生产的高强度船板钢，包钢和鞍钢开发生产的铌-稀土钢轨，首钢开发生产的 113 槽钢，济钢、南京钢厂开发生产的建筑用热轧带肋钢筋，马钢开发生产的 H 型钢（ASTM-A572）等，这些钢种的开发和生产为推动我国钢铁工业的品种结构调整，开发高附加值产品，替代进口并出口海外市场，为提高企业效益和促进国民经济建设作出了重要贡献。

中信集团和我国钢铁骨干企业及众多专家学者为实现冶金工业结构调整的战略目标，圆我国几代人的钢铁强国之梦想付出了卓越的努力。他们的成绩得到了国务院、原冶金工业部及中国工程院等领导的肯定和支持。中信人的气魄和眼光以及为此所做的贡献，大大提高了中信在冶金行业的声誉和知名度。

合作双赢的典范

在开发含铌微合金钢的过程中，中国与巴西的合作堪称“南南合作”的榜样。巴西矿冶公司（CBMM，简称巴西铌公司）与中国的战略合作已有 22 年的历史。1978 年，巴西矿冶公司总裁卡马戈博士来到中国与冶金部钢铁研究院进行了首次接触，开创了 CBMM 与中国钢铁工业友好与技术合作的先河。巴西铌公司作为世界主要铌产品出口和领导铌微合金化技术的大公司在为中国向世界钢铁强国迈进作出了重要贡献。卡马戈博士由此获得了1999年中华人民共和国国际科技合作奖和外国专家友谊奖。

中信公司与巴西铌公司的合作始于1989年。这一年，他们签署了第一个合同，为宝钢、武钢和上钢一厂进口CBMM铌铁15t；到2001年年销售铌铁1260多吨，为中国钢铁工业产品结构调整，产业升级作出贡献。CBMM也开辟了一片新的巨大市场，并且这个市场具有极强的增长潜力。

在12年的合作中，巴西CBMM与中信公司一道，为开发中国钢铁工业的市场，做了大量的铌微合金化技术的推广工作。据CBMM公司技术市场开发部总经理鲍迪依J·P帕斯卡先生介绍说，中信-CBMM自1994年参与建立中信铌钢发展奖励基金以来，对钢铁企业、研究院等16家单位和个人颁奖；多次主持、资助全国性学术会议；资助中国钢铁企业领导和专家赴美国和巴西进行技术考察和访问，编译出版《神奇的铌——在钢铁中的应用》技术丛书；CBMM还协助中信公司选拔宝钢、武钢、鞍钢和马钢等企业的三名博士后及工程师到美国、加拿大进修铌微合金化技术等。2001年CBMM又和中信公司、国内重点钢铁企业、院所合作，在中信-CBMM铌钢发展奖励基金的基础上建立了中信微合金化技术中心。成立专家委员会，增设铌微合金化技术优秀论文奖，增设铌钢研究开发科研基金，在北京科技大学和东北大学设立优秀研究生奖学金，出版《微合金化技术》期刊，建立微合金化技术电子技术网站www.citicmetal.com.cn等，以不断加大铌微合金化技术的推广和普及力度。

铌钛超导合金在接近绝对零度时无电阻

贸易合作与技术交流同时并举，是巴西铌公司与中信合作成功的关键。CBMM和中国钢铁界进行了大量的科技合作和技术交流。在过去的12年中，鲍迪依J·P帕斯卡先生等CBMM专家代表团多次访问中国，组织国际上著名冶金专家、教授到中国与钢铁界科研单位和企业进行含铌微合金钢技术讲座和交流，多次邀请由中国冶金专家组成的代表团赴巴西进行技术访问，资助专家赴国外学习研究，积极参与资助由中国金属学会主办的国际高强度低合金钢学术会议。在卡马戈博士和鲍迪依J·P帕斯卡先生的亲自组织下，巴西矿冶公司坚持不懈地将自20世纪70年代发展起来的国际上最新微合金化冶金学理论和生产工艺实践技术，源源不断地介绍到中国，为中国钢铁工业品种结构调整，推动中国高强度低合金钢的发展作出了举世公认的贡献。

1998年7月，巴西铌公司（CBMM）正式授予中信公司在中国市场的独家经营权。中信成为中国最大的铌铁经营和领导铌微合金化技术的专业公司。从此，在中国冶金市场上，铌铁这一重要商品，将永远冠以“CITIC-CBMM”的字样。中信与巴西矿冶公司的长期友好合作，堪称合作双赢的典范。

在伟大祖国的土地上，那些贯穿东西南北的石油天然气输送管道，高速行驶的火车、汽车，建筑工地上巍峨的起重塔吊等重型机械，蓝天飞翔的飞机，辽阔海洋中航行的大型船舶，各类高层建筑的钢结构件中都将使用由中信提供的 CBMM 铌铁。中国的冶金和钢铁行业在前进，现代化建设中取得的一切成就，都离不开工程科技的巨大支撑。中信公司在钢铁的高强度微合金化技术领域为行业引进、普及了大量的相关工程科技。他们以技术进步为先导，促进全行业产品升级，结构调整的运作模式给新时期的企业以深刻启迪。在这个成功模式的背后，我们不难看到中信人所付出的艰辛与智慧。而他们殚精竭虑地为钢铁工业付出，正是为了实现一个钢铁强国的梦想。

三、铌微合金化钢是我国钢铁行业结构调整的必由之路*

——来自中信公司的调研报告

编者按：当1978年11月巴西矿业公司总裁若泽·阿尔贝托，德·卡马戈首次踏入国门参加广交会那一天起，中国铌微合金化钢的发展历史就与这位巴西的企业家结下了不解之缘。从1979年起，两国在此领域的合作经过了漫长的岁月。在党和政府领导的高度关注下，两国专家学者的互访交流，企业界的经贸往来就从来没有间断过，由此推动了中国钢铁行业在铌微合金钢生产上的进步与发展。

钢铁——作为国家原材料工业的重要组成部分，自1996年以来，已连续六年保持世界第一产钢大国地位，但在一些主要产品和品种上尚不能满足国内市场需求，特别是中国微合金化钢的产量仍然较低，很难在国际市场上参与竞争。在全球经济一体化的过程中，钢铁行业面临着产业结构调整，提升产品品质、增强市场竞争力的重大挑战与历史机遇。而中信公司、中信微合金化技术中心站在时代的高度，以超前的意识，多年来大力开发含铌钢新品种及推广应用，无疑会对钢铁行业的可持续发展产生革命性的影响。

铌的历史及应用

1801年，英国化学家查理斯·哈契特（1765~1847）在英国皇家学会正式宣布，他在一块来自北美洲新英格兰的矿石中发现了一种新元素，命名为“钶”。在以后的许多年间，这种新元素一直与钽难以区分。直到1844年，德国化学家罗斯（H. Rose）彻底将这种元素与钽分离开，并称其为“Niobe”（希腊神话中坦塔罗斯的女儿，以示与钽的关系亲密）。1948年，国际化学学会正式命名这种元素为铌（Niobium）。很长时间以来，铌一直被认为是一种罕有的金属，1939年全世界产量近为500吨。铌在各个领域的广泛应用，消费量迅猛增长是近30年的事，其直接原因是在巴西矿冶公司（CBMM）作为世界最大的铌制品生产者，每年提供30000吨以上高质量的铌制品。

铌的应用历史概括地讲，大体上经历了三个大的发展阶段，或者说从研究开发的

* 本文原发表于《中国国情研究报告》，北京：当代中国出版社，2002，作者：王集堂，李炜。

角度形成的三座里程碑：

第一个里程碑是20世纪50年代，在巴西阿拉沙发现了巨大的蕴藏量极其丰富的含铌烧绿石矿床。其含铌品位高达5%以上。为了使这座沉睡千年的宝山苏醒过来，为人类造福，20世纪60年代初，专门从事铌的开采生产的巴西矿冶公司（CBMM）成立，不久生产出了钢铁工业用的铌铁。

第二个里程碑是20世纪70~80年代，铌在钢中的应用研究取得了重大突破。其标志是钢铁生产过程中的控轧控冷技术等先进轧制工艺的诞生，钢的纯净度有了明显提高，一批含铌微合金化新钢种不断涌现。例如，这一时期，由于美国阿拉斯加州，以及西伯利亚石油、天然气的大规模开发，含铌微合金化管线钢的需求量大增，使铌微合金化钢的理论技术研究有了长足的发展。

第三个里程碑是2001年12月2~5日，在美国召开的“纪念铌发现200周年国际学术研讨会”。因为这次会议为世界含铌微合金化钢研究开发提供了非常重要的理论和技术依据，世界各国尤其是中国含铌微合金化钢的研究开发必将更加如火如荼地开展。

铌，是坚硬的灰白色金属。铌极难熔化，熔点高达2415℃。

铌的化学性质非常稳定。常温下，在空气里，它不会与氧气作用，在工业区大气中放了15年，铌的表面仅稍稍发暗。当温度升高到200℃时，它的表面被缓慢地氧化，生成一层薄薄的氧化膜，这层氧化膜非常致密，它能防止里面的铌被进一步氧化。铌也不怕酸的腐蚀，除氢氟酸外，其他强酸，甚至是王水都不能腐蚀它。曾有人把铌放在浓热的硝酸中达两个月之久，它也不损丝毫；后来又把它放在强烈的王水中，继续浸了6昼夜，铌仍旧安然无恙！

铌有着吸收氧、氢、氮等气体的特殊本领，其中尤其是对氢的吸收更加突出。据试验，1公斤铌就能吸收104公斤的氢气！当温度升高时，铌吸收的本领便逐渐下降，在1000℃的高温下，1公斤铌只能吸收4升以下的氢气。铌吸收了氢气后便变得很脆。不过，如果当它吸足氢气后，把它放在真空中加热到600℃以上，铌又会把氢气重新放出来，恢复它原来的面目。

由于铌的性能优异，在工业上便得到重要的应用。铌是重要国防战略物资之一，是高科技领域中重要的功能材料。由于其特殊性能，铌在电子通讯、钢铁冶金、化工、原子能、航空航天工业、军事工业、超导技术乃至医疗卫生等诸多领域有广泛的应用。但其主要应用领域是钢铁工业。目前世界90%以上的铌以铌铁合金的形式消耗于钢铁工业。在冶金工业上，用铌制成耐高温、高强度的特种合金钢，常用来焊接机器上的重要部件，因为铌能大大提高焊接口的坚牢度。在电子管制造工业上，人们利用铌吸收气体的特性，用它做电子管中的永久除气剂；由于铌耐热性能好，也常用来做电子管中的热附件。

世界上生产的铌精矿80%以上用于制作铌铁。将铌精矿用金属铝等还原，可以制成含铌60%以上的“铌铁”。这种铌铁在炼钢时加进去，可以改进、提高钢的强度、耐热性和焊接加工性能。开始人们是在不锈钢中加入铌（加铌量为含碳量的10倍），由于铌与钢中的碳化合成碳化铌，可以减少晶界腐蚀，提高强度。后来发现在耐热钢中加入千分之一以至万分之几的铌，也可以大大提高钢的高温强度。但用得最广的还是这些年发展起来的添加铌的低合金高强度钢。微合金化技术是20世纪70年代在国际冶金界出现的新型冶金学科。微合金化钢是采用现代冶金生产流程生产的低成本的高技术钢铁产品，系在普通的低碳的C-Mn钢中添加微量（通常小于0.02%~0.2%）的强碳氮化物形成元素（如：铌、钒、钛等）进行合金化，通过高纯洁度的冶炼工艺炼钢（脱气、脱硫及夹杂物形态控制），在加工过程中施以控制轧制/控制冷却等新工艺，通过控制细化钢的晶粒和碳氮化物沉淀强化的物理冶金过程，在热轧状态下获得高强度，高韧性，高可焊接性，良好的成型性能等最佳机械性能配合的工程结构材料——微合金化钢，铌微合金化钢则是微合金化钢中应用最广的高技术钢材。这类微合金化钢已广泛用于海上石油钻采平台，油气输送管线，汽车、轮船、车辆、桥梁、高层建筑，工程机械等领域，是国家建设不可缺少的重要钢铁材料。中国西部大开发，尤其是“西气东输”管线工程、“西电东输”、青藏铁路及基础设施建设，将需要大量的微合金化管线钢，这为我国钢铁工业的结构调整和向钢铁强国的转变，带来了历史性机遇。有人说钢中每加入万分之一的铌，可使其抗张强度增加1.5~3公斤/毫米^2。这种钢大量用于制造输送石油和天然气的大口径钢管以及汽车、卡车、船舶、桥梁及工程机械等方面。从1970年以来，美国钢铁工业用铌量一直以年增长率15%以上的速度在增加。在工业发达的美国、日本、西欧等国家，其钢铁工业中年消耗铌铁均在6000~7000吨左右，吨粗钢消耗铌铁平均60~80克左右。中国已是年产粗钢超过1亿吨的世界第一产钢大国，但不是钢铁强国。2001年钢铁工业年消耗铌铁约1100吨，吨粗钢消耗铌铁约8克。这些数字的对比正说明中国钢铁工业品种结构的落后，90%以上的钢种是普通低强度的碳素钢，而每年国家又耗费巨资外汇从国外进口高附加值的钢材以满足国内需求。因此中国钢铁工业必须要进行品种结构调整，借鉴国外经验，加速发展高强度低合金钢——微合金化钢势在必行，而开发含铌微合金钢则是我国钢铁工业品种结构调整一个重要的有效举措，也是实现向钢铁强国转变的必由之路。预计今后钢铁工业仍将是铌应用的主要领域。

1998年3月世界18国35家钢铁公司，就世界具有代表性的4门车、9个车种的4年研究成果，进行了总结，预测2000年在不增加成本的条件下把车身主体质量减轻25%，燃料消耗降低20%，在21世纪初，汽车将大量使用高强度钢和超高强度钢，其用量比将从现在40%~50%增加到90%以上。新日铁已经和各汽车公司开始研究新的成型技术。到2008年中国铌铁用量可达到4000~5000吨，赶上日本现在的水平。

中国微合金钢现状及发展前景

我国1981年已查明的Nb资源以Nb_2O_5计算为163万吨，主要集中在内蒙古的白云鄂博和都拉哈拉，工业储量仅5万吨，还有两个不利的特点：一是铌矿石品位偏低、钽铌共生矿物复杂；二是国内铌矿资源贫乏，加工成本高，远远不能满足钢铁工业需求，必须依赖从巴西每年进口近5000~6000吨铌铁，方能满足国内市场需求。资源国际化价格每吨差3万~4万元（国内15万元，国外11万元）。我国Nb-Fe年生产能力仅为40~60吨。其他Nb制品合计也只在50吨左右。在钢铁业的消费主要靠进口，1999年总消费Nb-Fe 750吨，消费强度为66%Nb-Fe6.5克/吨粗钢，按目前低合金钢及微合金化钢发展的趋势，2000年、2005年和2010年我国Nb-Fe消费量分别约为1105吨、2850吨和4156吨，消费强度将增长到每吨粗钢9.2克、22克、30克Nb-Fe。

在我国，乃至在世界范围内，钢铁业的结构调整和资产重组进程中，几乎所有的普钢企业都把以发展微合金化钢生产为主要内容的钢材品种结构调整放在第一位，在全国大中型企业的科技发展或新品种开发方案中，为最大限度地适应各行各业技术进步对钢材质量上不断上升提出的新需求，为增强市场竞争力不失时机地把微合金化钢品种列入企业的产品大纲，并为此规划了相关技术的改造。这一调整步骤的影响力极其巨大，以至于业内人士已认识到钢的微合金化是打开钢铁强国之门的一把钥匙。微合金化钢的生产为企业带来了新生、市场竞争力和更多的经济实惠。

西方各工业发达国家，如美、德、日、英、意、澳、加等国，在1990~1996年，铌铁的消费量已超过钒铁和钛铁的消费量，Nb微合金化钢产量在微合金化钢总产量中上升为第一位。我国的情况也显示了这一趋势，近10余年来，含Nb微合金化钢（包括Nb-V、Nb-Ti微合金化钢）和Nb处理钢的发展非常突出，X52~X70级油气输送管线钢、大型公路或公-铁路两用桥梁钢、32~40千克级高强度造船钢、高层建筑结构用钢板和H型材、矿山、挖掘、装载、起吊、自卸类工程机械用钢、铁道重轨和辅助用材、汽车用大梁、滚型车轮及内外板用钢、抗震和耐火钢材、耐大气和海洋腐蚀用钢、集装箱用钢等，无一不是含Nb钢为第一选择。

1998~2000年的三年，据统计我国微合金化钢产量分别为346万吨、379万吨和405万吨。我们可以清楚地看到，在未来的5~10年内，以西部大开发为契机的西气东输、西电东送、青藏铁路、三峡建设以及南水北调等特大工程将继续拉动以Nb钢为主体的微合金化钢的开发生产和应用。各行业提出钢材新品种需求如下：

高层建筑（含Ⅳ级以上）具有可焊性建筑材（$\delta_s \geq 500$MPa）；

大跨度重载桥梁（日本$\delta_s \geq 900$MPa）；

轻型节能车（车重每降100千克，省油0.7升/百公里）；

电力工业（高抗水、沙蚀钢，超临界机组）；

石油开采（5500米以上钻井）；

长距离油气输送线（X70级以上级别，耐酸气和土壤腐蚀）；

地下和海洋设施：耐蚀低合金、微合金结构钢；

高强工程及机械用钢：抗延迟断裂，10^8次使用寿命；

高速铁路：200km/h、300km/h；

其他：高强度工程机械、民用船舶和军用舰艇、轻质航空航天金属基复合材料、能源设施、储存容器、精密仪器。

21世纪前10年对主要高强钢材品种的数量需求预测见下表，其中基本上是微合金化钢。

今后十年我国待开发的高强钢材

品　种	预计年需求量/万吨	品　种	预计年需求量/万吨
高强钢筋	270	油气输送和油管	100
高强建筑结构用钢	80	高强船板	50
高强优质重轨	20	汽车用高强热轧板	57
高强大桥用钢	10	汽车用高强冷轧板	15.4
电力工业	49.7	总计	769
石油开采及提炼	116		

由此预测，今后5年我国微合金化钢总产量从2001年的420万~520万吨将增长到2005年的830万~960万吨，大约占我国同期粗钢总产量的3.8%和5.2%，“十五”期内Nb、V、Ti微合金化钢的产量平均年增长率分别为20%、13%、8%。

中信公司在推广铌微合金钢方面的主要工作

中信金属公司是中信集团公司的全资直属子公司，主要从事冶金原材料、产品及高技术冶金工程备件的进出口贸易和实业投资。公司经营的主要产品有铁合金、矿产品、钢材、稀贵金属及冶金备件等业务。

铌铁进口是公司的主要业务，该公司作为世界最大的铌铁生产商巴西矿冶公司（CBMM）在中国的独家代理，铌铁销量占全国铌铁市场的90%以上。1990~2001年间，累计为中国钢铁企业提供铌铁4300吨，可生产含铌微合金化钢材900多万吨，为中国国民经济做出了重要贡献。同时，还重点做了以下几个方面的工作：

（1）建立中信铌钢发展奖励基金，中信-CBMM微合金化技术中心。

为深入推动我国含铌微合金化钢的发展，1994年底由中信公司出资100万元，建立了中信铌钢发展奖励基金，这是一个由中信、原冶金部科技司、宝钢、武钢、鞍钢、北京钢铁研究总院等单位的专家组成的非政府机构的科技基金组织。以该“基金”为中心，团结了一大批国内有影响力的冶金与材料专家，共同对国内钢铁企业急需的含铌微合金钢的新品种开发的课题予以强有力的技术支持。1996~2000年间中信铌钢发展奖励金已连续四年对我国钢铁企业和科研院所进行的含铌微合金钢的品种开发和技术进步等研究项目进行专家评审工作，共评出宝钢、武钢、鞍钢等单位和个人16个奖项。

2001年组建中信-CBMM微合金化技术中心及“专家委员会”，主编《微合金化技术》刊物，创建“微合金化技术网站”：http：//WWW. citicmetal. com. cn，又相继设立了“CITIC-CBMM铌钢奖学金”（北京科技大学，东北大学），“CITIC-CBMM铌钢研究开发计划”和“CITIC-CBMM铌应用技术优秀论文奖”。

（2）多次组织“铌在钢铁中应用国际技术研讨会”及资助并参加组织全国性HSLA钢学术会议活动。

为推动我国含铌微合金化钢（HSLA）的发展，加强国内外学术交流，中信公司曾多次资助中国金属学会、冶金部低合金钢协调组、低合金钢学术委员会、冶金部信息标准研究总院等单位主持召开的国际HSLA钢学术会议、全国低合金钢学术会议、专题低合金钢技术工作会议及国家铌铁标准和热轧带肋钢筋用钢标准修订、审定会议等活动28次。主持和组织“铌在钢铁中应用国际技术研讨会”（四次）和“新三级钢筋推广及钒氮合金化技术研讨会”。

（3）组团出国，技术考查。

为帮助国内钢铁企业的领导和工程技术人员对国外先进的冶金技术和微合金化高强度钢的发展状况、企业管理、市场体系和营销，巴西矿冶公司的铌资源及铌铁生产技术有深刻的了解，1991~2000年，中信出资组织国内钢铁企业领导和专家到巴西、美国进行含铌微合金化钢生产技术考查，共计11个团组约70人次。

这些代表团成员中包括原冶金工业部副部长吴溪淳，宝钢副董事长沈成孝、总经理谢启华、副总经理徐乐江，鞍钢副总经理林滋泉总工程师，武钢总工程师刘建功等领导和专家学者，他们的出访考查，对推动我国大型钢铁公司的技术进步和含铌微合金化钢的发展有极其重要的作用。

（4）连续编著出版了《神奇的铌——在钢铁中的应用》技术丛书和资料。

为便于与钢厂工程技术人员交流，传播微合金化技术，中信组织专家编译并出版《神奇的铌——在钢铁中的应用》技术丛书和资料计20余种，免费赠送给各单位的工程技术人员作为其品种开发和生产的参考。

（5）借助报刊等媒体，扩大铌微合金化技术的宣传。

为扩大微合金技术的传播，中信公司组织专家于1995~2001年间在《中国冶金报》《金属导报》等刊物发表技术性文章和关于生产、研究动态等文章30余篇。

出版《铌钢快讯》（季刊）计14期，综合介绍国内外含铌高强度低合金钢开发及生产技术最新动态。自2001年起出版《微合金化技术》刊物3期。

（6）加强与钢铁公司、科研院所的技术交流和合作。

1989~2000年间，中信每年多次组织专家访问钢厂作微合金化技术交流讲座，并多次安排和陪同CBMM专家Mr. Bordignon，国际著名人士如美国匹兹堡大学教授Dr. DeArdo，日本福岗大学教授武志宏到宝钢、鞍钢、武钢等钢厂做含铌汽车用IF钢，管线钢等高强度钢的技术讲座，还和17家重点钢铁公司等单位签订了技术合作协议，组织专家为本钢、包钢等编制中长期品种机构发展规划。

（7）协助CBMM从宝钢、鞍钢、武钢、马鞍山钢铁公司组织选拔四名技术人员（博士生）赴美国和加拿大的大学进行微合金化技术培训。

十年来，正是在中信公司深入不断的技术支持下促进了我国含铌微合金化钢取得了突破性发展，用CBMM铌铁生产了近1000万吨含铌高强度低合金钢。在我国开发生产的含铌钢中，最具典型的有宝钢开发生产的石油天然气管线（X60、X65），汽车用IF钢，武钢开发的X60/X65管线钢和14MnNbQ大桥钢，舞钢和浦钢开发生产的高强度船板，包钢和鞍钢开发生产的铌-稀土钢轨，首钢开发生产113槽15MnNb钢，济钢、南京钢厂开发生产的建筑用热轧带肋钢筋20MnSiNb钢，马钢的H型钢（A572）等，这些钢种的开发和生产为推动我国钢铁工业的品种结构调整，开发高附加值产品，以产顶进，提高企业效益和国民经济建设做出了重要贡献。

发展微合金化钢的政策建议

纵观铌微合金钢的发展历史和未来市场的广阔前景，同世界上发达国家相比，中国微合金化钢的产量仍然较低，而大力开发含铌钢新品种及在我国的应用，是一项推动钢铁工业结构调整、实现钢铁强国目标的重要战略任务。特别是随着中国加入WTO，钢铁业面临的竞争越来越激烈，加之观念的转变，体制、机制的转换，适应市场经济发展的客观要求，在可持续发展的道路上仍然必须面对企业深层次矛盾实现的各种困难，故形势不容乐观。据调研掌握的情况看：目前制约铌微合金化发展的主要问题集中在以下几个方面：

一是冶金技术装备落后，而铌微合金化钢的生产必须有现代化冶金设备和技术的支持，而技改投入的不足，严重制约着铌微合金化钢的生产。

二是Nb-Fe消费还限于少数钢铁企业。在58家生产微合金化钢的企业中，仅18家企业采用Nb微合金化，且年消费Nb-Fe在10吨以上的企业有9家，2001年共消费Nb-Fe 1155.6吨，占全国总消费的91%。

三是国内Nb-Fe消费集中于板带生产。2001年全国板带总产量为4537.5万吨，消费Nb-Fe 986.2吨，板带材Nb-Fe消费强度21.78克/吨板带。全国长条材总产量为7549.1万吨，消费Nb-Fe 281.450吨，长材Nb-Fe消费强度为0.77克/吨长材。

四是在中小钢铁企业中，除受资金投入的约束外，困扰微合金化钢生产的主要技术障碍未能逾越。

五是进口关税的限制，加大了企业的成本，对铌微合金化钢的生产带来了一定的影响。

为此，建议政府各相关部门重点做好如下工作：

一是要把铌合金化钢的推广应用列为重要的议事日程，通过宣传引导，产业政策的扶持，专家学者的前瞻性研讨，对企业的重点帮助，尽快达成共识，形成良好的社会氛围。采取针对性措施对推广应用过程中的具体困难加以解决。

二是国家要把有限的财力集中使用，防止投资的分散化倾向。同时可采取吸收民间资本入股的形式或引进外资，加快推广应用速度，以便缩短同先进国家的差距。

三是建议实行铌铁进口零关税，使企业通过降低成本，提高国际市场的竞争力，支持中国钢铁业发展。

四、祝愿中巴友谊之树万古长青*

——纪念巴西 CBMM 公司与中国钢铁工业科技合作 25 周年

编者按： 一个月前，巴西总统卢拉阁下在巴西利亚总统府高原宫接见了中巴企业家委员会的所有成员，当卢拉总统与站在最右侧的一位巴西代表握手时，特别给了他一个老朋友式的拥抱。这位代表就是来自巴西冶金矿业公司（CBMM）的技术开发部总经理鲍迪侬先生。在总统热情洋溢的演讲中，有两个人物得到了高度赞许，一位是“活跃、能干、为中巴合作飞速发展立下汗马功劳”的中国驻巴西大使蒋元德，另一位就是“坚持不懈、执著于对华合作”的鲍迪侬先生。卢拉总统说，在中巴建交的 30 年中最初的合作总会面临困境，许多企业逃跑了，但 CBMM 公司从未退缩，他们从 20 世纪 70 年代末进入中国，克服重重困难坚持到今天，他们成功了！总统鼓励两国企业家都要学习这种精神，学习这种勇气。

带着几分敬意，也带着几分好奇，在总统接见的第二天我们代表团便兴致勃勃地参观了位于小城阿拉莎的 CBMM 公司。精心策划的欢迎仪式令所有中国代表兴奋不已，一群身着红衣黄裤的可爱的巴西儿童手持中巴两国国旗载歌载舞；庄严肃穆的升旗仪式，让我们感觉到在异国他乡响起的国歌更加神圣；我们还亲手栽下友谊树，祈盼中巴友谊万古长青……显而易见，二十多年的精诚合作，使得 CBMM 的企业文化中已融入了丰富的中国特色，也正是这份悉心的理解与尊重促成了合作的持续与成功。

随后我们参观了露天采矿区、生产车间以及 CBMM 自己的博物馆和动物园。博物馆中陈列着 CBMM 公司与中国合作 25 年来的丰富历史资料，鲍迪侬先生指着 20 多年前自己在中国访问时的照片打趣说，当年的黑发小伙已变成了今天的花白胡子老头，这让人不禁感叹岁月沧桑，而正是这些人坚持不懈的努力才换来今天的成就。主人向我们全面地介绍了铌资源的储备、开采以及科技开发与应用，热情地表达了与中国合作的诚意和巨大潜力。访问过程中，我们深深感受到 CBMM 公司的与众不同之处，她是一个矿产公司，而她首先致力于科研技术的开发与推广；她开采矿产品，而她更注重对大自然的保护；她重视商业与技术合作，而她投入了更多的耐心、信心、勇气与真情。

回国后，通过 CBMM 公司介绍我结识了该合作项目的中方主要组织与参与者、铌

---

* 本文原发表于《科技日报》，作者：付俊岩。

专家付俊岩先生，他是中信金属公司前任总经理、董事长，现任中信金属公司高级顾问，并担任着CBMM-CITIC中信微合金化技术中心常务副主任的职务。为纪念中国钢铁工业与巴西CBMM公司合作25周年，付先生特撰此文，回顾双方合作的历史与成就，憧憬中国钢铁业更加美好的未来，字里行间无不渗透着一个科研前辈的真情实感和殷切期望。

巴西是一个美丽而遥远的南美国家。球王贝利、“外星人”罗纳尔多和巴西足球早已为广大中国人所熟悉，而对巴西CBMM公司和铌资源、铌铁等铌产品的认识则始于1979年，至今已整整25年了。巴西CBMM总裁卡马戈博士是中国人民的老朋友，早在“文革”刚刚结束之后，1978年11月紧步美国总统尼克松访华后尘，他来到中国参加在广州举办的第一届广交会，并独自一人来到北京，通过贸促会王耀庭会长介绍第一次拜访了中国冶金工业部。次年5月，他又带领一个专家代表团在北京民族饭店与北京钢铁研究总院的工程师们举办了首届含铌微合金化钢的技术研讨会，首次把巴西CBMM的铌产品和国际上最新的微合金化技术介绍到中国，开创了巴西CBMM公司和中国钢铁工业长达25年之久的友好和技术合作的历史。

在和巴西CBMM公司合作的20多年中，我深切地认识到CBMM是一个世界一流的现代化企业，她不仅仅在巴西的阿拉莎地区拥有世界70%的铌矿产资源，具有最现代化的装备和技术、一流的科学管理机制，而且公司还拥有稳定的价格政策和供应保证系统，这使她成功地占有世界75%的市场份额。更重要的是，自20世纪70年代起，CBMM公司总裁卡马戈博士就始终把铌的应用技术开发及推广工作放在公司发展战略的首位，并投入大量资金进行研究开发，成为世界上铌应用技术的唯一领导者。25年来CBMM持续不断在华合作的历史就是最好的佐证。

铌在现代工业中是非常重要的功能材料，由于其特殊性能，在电子通讯、钢铁冶金、化工、原子能、航空航天工业、现代战略武器、超导技术、科学研究乃至医疗卫生等诸多领域无不涉及铌金属及其化合物的广泛应用。目前，铌的主要应用领域是钢铁工业，全球90%以上的铌以铌铁合金的形式消耗于钢铁工业，是钢铁工业生产高附加值钢材的重要合金原料。国际钢铁工业平均铌铁消费强度水平为38克/吨粗钢，而北美地区发达国家平均水平为80克/吨粗钢，欧洲、日本约为70克/吨粗钢，俄罗斯及其他发展中国家为12~20克/吨粗钢。

在中国，长期以来由于冶金装备和技术的落后，品种结构极不合理，90%的钢材为普通碳素钢。1979年，当时中国的钢产量仅为3400万吨，铌在钢铁工业中的应用几乎是个空白。在卡马戈博士访问中国后的1979~1989年的十年间，CBMM在中国的铌铁销售几乎是零。但是，卡马戈博士和CBMM公司并没有停止与中国钢铁工业的科技合作。由于国内铌资源的限制，我国钢铁业消费的Nb-Fe主要（90%）来源于巴西

CBMM 公司。自 1990 年起，中信公司与巴西 CBMM 公司首次合作为中国钢铁工业进口 CBMM 公司的铌铁。从 1990 年的 15 吨到 2003 年的 2505 吨，十几年来中信公司为中国钢铁工业累计进口巴西 CBMM 铌铁 10000 多吨，宝钢、武钢、鞍钢等钢厂用 CBMM 的铌铁共生产高附加值钢材 2000 多万吨，中国钢铁工业铌铁消耗强度从 0 克提高到 13 克/吨粗钢左右，大大地推动了我国高强度低合金钢的开发和生产。

这一巨大变化是中国钢铁工业自 1995 年以来进行结构调整的重大成就，其中自然离不开巴西 CBMM 公司和中信金属公司的杰出贡献。在过去的 25 年中，尤其是从 1990 年以来，巴西 CBMM 公司与中信金属公司在钢铁工业领域进行了紧密的合作。中信公司作为中巴合作的友谊桥梁，为 CBMM 公司卡马戈博士和技术开发部总经理鲍迪侬先生等专家安排了上百人次赴中国与钢铁界科研单位和 30 多家钢铁企业进行含铌微合金钢技术讲座和交流，多次邀请由中国冶金专家组成的代表团（100 多人次）赴巴西 CBMM 进行技术考察，先后资助中国钢铁界十多名冶金专家赴美国、英国、德国等大学做含铌钢的科学研究工作，多次资助和参加由中国金属学会等单位主办的国际高强度低合金钢学术会议。此外，1994 年中信与 CBMM 共同建立了 CITIC-CBMM 中信铌钢发展奖励基金，2001 年成立了 CBMM-CITIC 中信铌微合金化技术中心，并在 CBMM 的资助下设立了铌钢发展奖、铌微合金化技术优秀论文奖、铌钢研究生奖学金、铌钢研究开发 R&D 科研基金，并且建立了中信微合金化技术中心网站，编辑出版了《神奇的铌——在钢铁中应用》的系列丛书和《微合金化技术》等刊物，大力在中国推广铌微合金化技术。正是由于巴西 CBMM 公司坚持不懈地将国际上最新铌微合金化技术源源不断地介绍到中国，推动了中国高强度低合金钢的发展。为此，CBMM 公司卡马戈博士在 1999 年获得了中国政府颁发的“外国专家友谊奖”和“国际科技合作奖”，鲍迪侬先生也在 2002 年获得了“外国专家友谊奖”。

开发含铌微合金钢是我国钢铁工业品种结构调整的一个重要有效举措，也是实现从钢铁大国向钢铁强国转变的必由之路。未来中国钢铁工业的发展需要大量的铌铁资源，中巴合作为国际铌微合金化技术交流架起了一座桥梁，这将有利于推动我国高强度钢的发展，从而早日实现中国人“钢铁强国”的梦想。

巴西 CBMM 公司的卡马戈博士和鲍迪侬先生是中国人民的老朋友，是中巴两国人民的友谊使者，中国钢铁界的同仁们不会忘记他们在过去的 25 年中为中国钢铁工业所做的一切。

祝中巴两国人民的友谊万古长青。

五、铌金属和含铌钢的故事*

铌金属

在元素周期表中，铌和其他几个常用的微合金化元素钒（V），钛（Ti）等都属于过渡族元素（见下图）。

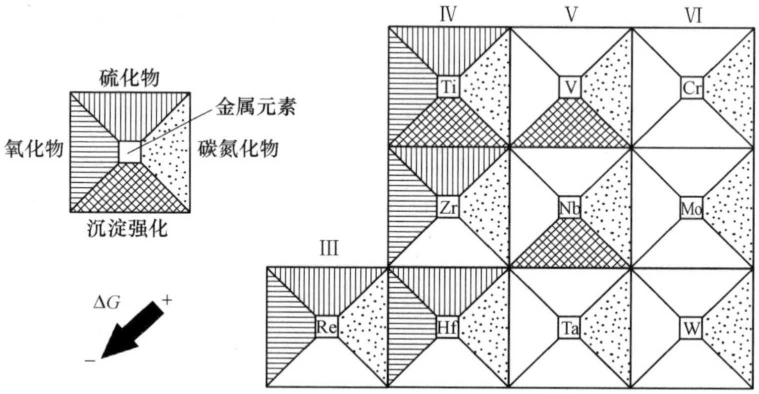

铌在元素周期表中的位置和金属元素形成各种化合物的倾向

金属铌（英文名：Niobium）是一种坚硬的灰白色金属，熔点高达2415℃，极难融化，也属于难溶金属元素之一。她的化学性质极其稳定，在常温下不会氧化，在200℃的温度下，表面会形成一层非常致密的薄薄的氧化膜，可防止铌金属里面进一步氧化。铌抗腐蚀能力很强，即便把它放在硝酸或王水中，也不会腐蚀。

---

* 本文原发表于《微合金化技术》，2017（1），作者：付俊岩。

铌金属的特性使它在现代工业中有广泛的应用，如电子、化工、光学、陶瓷、超导、高温合金及铸造合金等诸多领域，而其消费最大的领域（98%）是在钢铁材料的高性能钢材，其中“高强度低合金钢”（HSLA Steels）或叫做“微合金化钢”（Micro-alloyed Steels）占79%，不锈钢为10%，高温合金为9%，其他仅占2%。因此，铌金属是现代工业很重要的高性价比原材料，在世界的消费市场中，颇受青睐。

英国化学家查理斯·哈切特和铌晶体

铌金属的发现及其命名的轶事

实际上，铌曾两次被科学家们发现，第一次是在1801年，英国化学家查理斯·哈切特（Charles Hatchett）在大不列颠博物馆发现一块从美国马萨诸塞州送来的黑色的北美矿石——哥伦比亚石，它像宝石一样美丽，呈半透明黑褐色，引起这位化学家的兴趣。他运用化学方法从中分离出一种未知的金属氧化物，确定是未知的新金属元素，为纪念它的产地美国，用美洲新大陆的发现者，西班牙航海家哥伦布的名字命名为Columbium，钶（Cb），并于11月26日，在伦敦皇家学会宣布新金属钶的发现，他在题为“对来自北美的含有一种迄今未知金属的矿物的分析”报告中公布了他的研究资料，并作出结论：“因此，鉴于该金属与迄今发现的金属有如此大的不同，给它一个特定的名字比较合适，在我请教了我国几位杰出的有成就的化学家后，我给它命名为钶（Cb）。”

1802年12月，瑞典化学家爱克伯经过很大的周折，又发现一新金属，命名为钽金属（Tantalum，Ta），寓意希腊“旦塔勒斯”神的苦恼。

1809年，化学家们发现钶和钽的性质相似的程度达到难以辨认，又经常伴生在一起，对钽和钶是两种不同的元素，还是同一种元素，持续了一场长达35年的争论。

第二次发现铌金属元素是1844年，罗斯（H. Rose）的研究证明：钽和钶是两种不同的元素。在对不同的钽矿和钶矿的分析过程中，每次都发现除钽以外还含有另外一种元素，其性质和钽又很相近。罗斯把这一陌生的元素以希腊神话中旦塔勒斯神女儿尼俄伯（Niobe）的名字来命名，命名为 Niobium（铌），以示钽和铌亲密无间的关系。

1865 年，在英国化学家查理斯·哈切特发现铌（钶）之后的 64 年后，经过许多科学家的努力之后，又由瑞士化学家马利克首先分辨开来，并测定了钽和铌的原子量，才验证了钽和铌是两种不同的元素。

1903 年，美国波士顿的专家用化学萃取方法，从钽铌矿中把这两种金属分离，才得到纯度都高于 99%的钽和铌。

1951 年，国际理论与应用化学协会命名委员会，在钶和铌这同一元素的两个名称共存了 107 年之后，正式决定统一采用铌作为该元素的名称，把这同一元素的两个名称统一命名为铌（Nb），作正式名称。但是，在美国标准和技术文献中依然使用其传统的钶（Columbus）的名称，因此，直到今天，在国际学术会议上，一些美国学者的研究报告中，依然使用钶的名字和符号（Cb），常使许多不知道铌命名历史的人感到迷惑。

铌金属这两个名字的历史具有它特有的象征性意义：钶是以美洲的发现者来命名的，因此它与哥伦布发现的新大陆同义。我们的冶金学者可将这个新大陆理解成一种新型微合金化技术，它为我们展示了新的科技发展和技术进步的广阔前景。罗斯（H. Rose）给予铌的名字，是源于希腊神话中“苦恼之神”旦塔勒斯神的女儿，即眼泪女神——尼俄伯的名字而命名。毋庸置疑地，女神尼俄伯的眼泪必将是冶金工作者的喜悦之泪。今天，铌作为现代微合金化元素，它是技术进步和成就的象征，对铌的科学技术未来发展也是极好的预兆。

铌金属的资源及其被开发利用的历程

铌金属资源的发现及其应用的历史也和其命名一样经历了曲折而漫长的过程，虽然查理斯·哈契特于 1801 年发现了铌（Nb）。当时地壳中已被发现的铌金属的丰度非常小，与铜、锡或钼差不多。但与这些金属相比，它以能被商业化利用的形式存在的可能性更小。最初发现的铌资源主要是钽铌共生矿，在 1903 年以后只能采用化学萃取方法，分别提取和分离钽和铌，生产成本高，价格昂贵，视为稀贵金属。当前，世界钽铌矿资源主要分布在澳大利亚、俄罗斯等地，中国的钽铌矿资源不多，尤其铌的品位很低，开采的经济成本很高。

因此，20 世纪 60 年代以前，铌作为合金化元素只少量地用在特殊钢中。1925 年首次在工具钢中加铌代替部分钨金属（W）；1933 年，铌首次在 Cr-Ni 奥氏体不锈钢中做晶间稳定化元素；20 世纪 40 年代后，铌首次被用于高温合金生产汽轮机部件后，并在 1959 年由美国国际镍公司合金部的冶金材料专家 H. L. Eiselsyein 发明了生产航空航天喷气发动机涡轮盘和叶片材料 718 合金（含铌 5.5%）等。因此，鉴于当时铌金属的自然资源的匮乏，20 世纪 50 年代美国政府把 Nb 作为战略物资被保护使用，作为战略金属材料政府具有高的优先权。当时 Nb 的资源有限，价格非常高。因为这个原因，虽然 Becket 和 Frank 曾经发现在中厚板碳钢中加铌能提高强度，并 1939 年在美国申请了专利，但这并没有导致铌的任何实际商业化应用。

1954 年，巴西地质学家吉马拉依斯在巴西圣保罗以北的阿拉莎（Araxa）地区寻找铀矿的过程中，在碳酸盐岩体中发现了储存量巨大而丰富的露天铌矿——烧绿石铌矿，其 Nb_2O_5 的品位高达 2.5%~3.0%，储量为 4.5 亿吨，以年开采 150 万吨计算，可以供应世界铌金属消费数百年。

巴西地质学家吉马拉依斯和阿拉莎矿区

阿拉沙地区这块数平方公里的烧绿石铌矿位于巴西一个富有的赛拉斯家族私人领地，为开采这块富有的铌矿，美国钼公司和巴西赛拉斯家族组建了合资公司，成立了巴西矿冶公司（CBMM）。经过几年的工艺技术研究与开发，直到 1965 年将烧绿石原矿经过浮选和铝热法还原的冶金工艺，才生产出可供钢厂生产高强度钢的含铌高达 65% 的标准铌铁。丰富的铌资源和简易的生产工艺，把铌的价格降低到原来的 1/4，铌金属才被推上世界钢铁及其下游用钢宽阔的工业大舞台。随后，美国政府取消了铌的战略储备限制，可谓是“旧时王谢堂前燕，飞入寻常百姓家”。从此，以希腊神话中旦塔勒斯神女儿尼俄伯命名的铌，开始为人类科技进步和文明作巨大贡献。1994 年起，CBMM 公司又采用火法提纯铌精矿和电弧炉铝热法生产标准铌铁，并开发了真空级的高纯铌铁、镍铌合金和超纯铌金属，不仅进一步改善了产品质量，扩大了铌产品品种，而且降低了生产成本，环保也大大改善。

之后，又在加拿大的魁北克等地也发现烧绿石铌矿。近年来，在非洲津巴布韦也发现了铌矿。这些极大丰富了世界的铌资源。

铌金属是高性能钢主要的合金化元素之一

今天，全世界冶金工作者毫无疑问地把铌金属看作是最重要的微合金化（MAE）元素。每年，全世界可生产 1.4 亿吨含铌微合金化钢和合金钢。2008~2016 年，中国每年含铌钢的产量就有四五千万吨，都用在当今社会最重要的工业领域，如石油天然气输送管线、汽车、大型船舶与集装箱、铁路与公铁路大桥、高层建筑、钢结构、工程机械、电站用不锈钢/耐热钢、航空发动机用高温合金等，为人类社会造福。

按国际标准和中国的钢产品分类，把钢区分为非合金钢和合金钢，在技术文件中通常把非合金钢叫做碳素钢，钢中除了铁和碳以外，还会有炉料带入的少量合金元素（Mn、Si、Al），杂质元素（P、S）及气体（N、H、O）等。合金钢类又必须符合在C-Fe-Mn的基础上添加规定含量范围的相应合金元素。低合金钢也需要符合合金元素的规定范围，任何一个元素含量都低于合金钢界限值范围。如对于屈服强度不超过460MPa级低合金钢，它的合金元素总加入量一般不超过3%，屈服强度在690MPa级以下的高强度级和超高强度级的低合金钢，其合金元素的含量也不高于5%。在20世纪60~70年代之后，随着冶金装备和技术的进步，微合金化技术的快速发展，对于低合金钢的定义与内涵有了很大的变化，国外把低合金钢统称为高强度低合金钢（HSLA），尤其是在导入微合金化和TMCP技术之后，不仅合金元素的加入量，甚至热轧钢与热处理钢的概念也趋向模糊起来。直到1983年，在美国费城的国际会议上，国外的冶金学者们才对把高强度低合金钢（HSLA Steels）也可以称作微合金化钢（Microalloyed Steels）的叫法达成共识。

什么是微合金化钢?

微合金化钢（Microalloyed Steels）系指在低碳的C-Mn钢中添加通常不大于0.1%的微量强碳氮化物形成元素（如Nb、V、Ti）作合金化，并辅以高纯洁度的冶炼工艺（脱氧、硫及夹杂物形态控制）和TMCP（控制轧制、控制冷却等）新型热加工工艺技术，在热加工过程中，主要通过热加工变形和温度变化，控制微合金化元素的溶解和析出行为，实现钢组织结构的相转变以及细化晶粒和析出强化的物理冶金作用，获得期望的显微组织结构，以期取代热处理钢，在热轧状态获得高强度、高韧性、良好可焊性和成型性等最佳机械性能配合的工程结构材料。微合金钢在国民经济各部门正发挥着重要作用，尤其在资源匮乏和能源危机的时候，最大限度地挖掘材料性能潜力，更是极重要的课题。而微合金化钢可作为一种高效节能材料以较低的成本，提供最佳的工程性能来满足这个愿景的要求。

什么是微合金化元素?

在传统的合金钢和低合金钢中，合金元素是通过改变铁的晶体结构来影响钢的性能的。当合金含量达到0.5%~20%的时候，就可以得到想要的性能效果，比如提高强度，拥有更好的韧性或抗腐蚀性，如锰、铬、镍、钼等就是可以起到这种作用的合金元素。

微合金化元素的作用在量和质上与合金元素是不同的，它们并不改变铁的晶体结构，而是与钢中的碳和氮结合而形成细小的析出物。微合金化元素与碳氮之间具有很高的亲和力，在热加工的过程中，铌在基体中的溶质拖曳作用和形成碳氮化物的第二相析出，对钢的显微组织（晶粒细化、相转变及精细结构）产生重要影响，从而影响钢的重要性能，如提高韧性和强度。即使微合金化元素在钢中的含量只有万分之几，也足以彻底地改变钢的力学性能，因此叫微合金化元素这个词是恰当的。

1963 年，瑞典人 Norén 先于美国船级社第一次使用“微合金化元素”这个词，很快全世界都开始使用。

微合金化元素（Nb，V，Ti）在钢中的共同特点：

（1）含量非常低，$10^{-3}\%\sim10^{-1}\%$；

（2）与碳、氮和硫有相互作用，但程度不同；

（3）在基体中析出碳氮化物第二相；

（4）对组织和性能有巨大影响；

（5）可通过热加工工艺或热处理过程，控制其溶解和析出反应。

铌如何成为一个最好的微合金化元素？

这无疑要取决于铌金属本身的物理化学特性和其在工业应用领域的经济性。

（1）铌金属的物理化学基本特性及其在钢中的作用。

1）电子排列。过渡族元素是唯一有未充满内层电子的元素，在钢中可置换铁原子而形成置换固溶体。在钢中一定的碳含量下，可适量地固溶于合金的基体。这部分固溶铌在钢坯再加热过程中，溶质的拖曳作用可有效延迟奥氏体的再结晶过程，即提高完全再结晶的最低温度，不仅为热加工过程扩大了窗口，并确保钢的初始组织是均匀细小的，是获得最终目标的细小均匀的显微组织和高性能（高强度、高韧性等综合性能）的关键技术。

2）在 Fe-C-Nb 的相图中，在从高温冷却下来的相变过程中可抑制奥氏体相变，促进低温转变产物（如高位错密度的针状铁素体、低碳贝氏体、马氏体）的产生，提高钢的强度。

3）高的扩散特性：铌在体心立方的铁素体中的扩散系数比在面心立方的奥氏体中要高 100 倍。

4）化合物形成倾向：铌是很强的碳氮化物形成元素，而形成氧化物和硫化物的倾向较低。固溶于基体的铌原子，在热加工或热处理过程中极易形成碳氮化物（NbCN），而主要是碳化铌产生析出（沉淀）强化作用，这是由铌原子和铁原子的半径之差在共格的晶体结构中造成晶格畸变决定的，铌原子的半径比常用的微合金化元素（钒、钛）都大，因此，铌的细化晶粒和沉淀强化作用更突出，而成为最好的微合金化元素。

因此，铌金属自身特性决定了它比其他元素更适合作为微合金化元素。这可以在铌对钢的显微组织的作用上得到验证，特别是以下几方面的影响：1）晶粒细化；2）延迟再结晶；3）沉淀强化；4）净化铁基体（IF 钢中）。

由此，可以认为铌是最有效的微合金化元素。铌的作用是如此巨大，以至于 10000

个铁原子中有1个铌原子这样的极低浓度的铌金属，就能达到钢性能的改善。这种影响类似于药物控制和影响生理的过程。在这里，术语“微合金化”确实很合适。

（2）铌金属作为微合金化元素的经济性，即性价比很好。

高强度低合金钢是当代社会需要的面大量广的钢铁材料，其生产成本一直是很敏感的。铌作为微合金化元素应具有的经济优势：它们资源的极大丰富和铌铁的价格不能超过普通低碳钢可以接受的合金化成本。巴西CBMM公司作为全世界钢铁工业标准铌铁的供应商，无疑可确保未来的价格水平和波动范围容易预测并保持稳定。

从微合金化的角度，微合金钢中铌金属的添加量仅有万分之几（0.01%~0.05%），合金成本相对很低。因此，在经济性上，铌也是一个很好的微合金化元素。

在元素周期表中，钽（Ta）和铌（Nb）都属于同一过渡族金属，其物理化学特性极其相似，也是非常重要的金属。然而，由于钽的自然界资源不足，提炼工艺复杂，使其成本和价格不能被钢铁材料所接受。钽作为稀贵金属仅可应用于电子、化工，以及高温合金等高端工业技术领域，在普通的钢铁产品中不被选用。

世界铌微合金化的技术发展史

虽然铌的发现已经有两百多年的历史，但是作为微合金化元素和合金材料广泛使用只是最近50多年的事情。在20世纪60年代以前，铌和钽金属一直被视为贵金属，普通钢的生产企业很少问津。20世纪50年代后期在巴西的Araxa地区发现巨大的烧绿石铌矿以后，世界铌资源有了巨大保障，美国政府解除了对铌的战略储备限制的政策，另一重要因素是第二次世界大战以后经济建设对能源、交通、建筑等领域所需的高强度钢的迫切需求，都对钢的性能提出高强度、高韧性、成型性、可焊接性等综合性能的要求，在这种情况下，铌才开始作为潜在的合金化元素出现在钢铁材料中。1965年后，巴西CBMM生产的铌铁的价格已降低到原来的1/4，并保持价格的长期稳定，从而使铌在其金属技术特性和生产经济性两个方面成为微合金化元素的首选，也给予世界冶金学家揭开铌作为微合金化元素的秘密带来挑战。他们将知识、创造力，以及持之以恒的精神用在铌微合金化技术的研究中，不断丰富着铌科学技术的宝库。

从20世纪60年代开始，欧洲、美国、日本等国家和地区的冶金学者在开发冶金装备和新工艺技术的同时，不断尝试在钢中添加铌、钒、钛等微合金化金属元素，以改善钢和合金材料的性能，开展了大量实验研究，取得在微合金化新型冶金学的突破性进展。在微合金化技术发展过程中，有几个重大历史事件对铌金属的技术价值肯定及其未来快速发展有重要影响：

（1）20世纪50年代后期，美国钢铁公司首先把铌添加到钢中，试验生产中厚板和宽板带材，以较低的终轧温度和较快的冷却工艺取得成功，并宣称“这个新钢种开发是冶金学史的重大进步，因为它们使强度、韧性和可焊接性等优越的综合性能成为可能”。1958年，Weston Starratt 以“铌处理钢，低成本，高强度”为题写过一个报道：为生产高强度的普碳钢所做的努力导致对获得细晶结构所要求的添加物的研究。钒已经使用多年了，如今，钶（铌）处理钢作为一种新型的低成本钢已在冲击市场。由此，引起英国、日本等国钢铁厂的广泛兴趣，相继开展含铌钢试验。虽然，当时人们对铌细化晶粒的机制还不清楚。

（2）美国镍公司开发了含5.5%Nb的718高温合金，用于生产航空航天发动机涡轮盘转子和叶片等关键部件，使美国在航空航天领域首次超越前苏联成为航天领域的霸主，铌金属的技术价值获得充分肯定。

（3）开发了霍尔-佩奇公式，它可定量地描述钢材的屈服强度和晶粒细化以及包含析出强化在内的强化机制的关系，为微合金化技术的发展奠定了理论基础。晶粒细化是提高钢的强度和改善韧性的重要强化机制，而铌是最有效的细化晶粒的微合金化元素。

（4）控制轧制（CR）工艺技术的开发，为微合金化元素在钢的热加工过程中实现细化晶粒和析出强化，使低C-Mn钢在热轧状态就可获得以前必须要经热处理工艺以后才可获得的高强度、高韧性及可焊接性的性能。随后，在20世纪70年代又开发了控制冷却（ACC）工艺，而逐步发展成如今的TMCP工艺技术，从微合金设计到热加工工艺，完善了现代微合金化钢冶金学的技术发展。

（5）1975年在美国华盛顿，召开首届“微合金化’75”国际学术会议，这是现代微合金化技术发展的里程碑。

铌金属在国际含铌钢技术的发展史中相关的一些重要事件

时间/年	事件
1801	英国化学家查里斯·哈契特首次发现铌元素
1925	首次在工具钢中加铌代替部分钨
1933	铌首次在奥氏体不锈钢做晶间稳定化元素
20世纪40年代	铌首次被用于高温合金生产汽轮机部件
1954	在巴西CBMM的Araxa发现巨大烧绿石铌矿资源
1957	美国钢铁公司第一次成功试验生产了含铌管线钢中厚钢板
1959	美国镍公司合金部正式宣布含5.5%Nb的718高温合金的诞生
1959	英国做了含铌0.015%的中厚板的实验，并生产了470MPa强度的含铌的钢梁
1963	“碳钢的冶金技术发展”国际会议在伦敦召开，这是第一次铌钢学术会议
20世纪60年代	霍尔-佩奇公式定量地描述了屈服强度和晶粒细化以及包括析出强化在内的其强化机制的关系，为微合金化技术发展奠定了理论基础
1963	瑞典人Norén先于美国船结构协会第一次使用“微合金化元素”这个词
1965	巴西CBMM公司开始为世界钢铁工业提供标准的铌铁

续表

时间/年	事件
20 世纪 70 年代	欧洲、美国、日本等国家和地区采用 Nb 微合金化和控制轧制（CR）技术生产 X60~X65 管线钢
1970	“高强度低合金钢”国际学术会议在纽伦堡召开
1972	“低碳钢加工和性能”国际学术会议在克利夫兰召开，会议强调钢中降碳的发展趋势，确认铌作为微合金化元素的重要地位
1975	“微合金化 ’75”国际学术会议在华盛顿召开，这是微合金化技术发展的里程碑
1977	巴西 CBMM 在英国伦敦皇家材料学院设立“查理斯·哈切特铌科学技术的优秀论文奖”
20 世纪 80 年代	在欧洲、美国、日本等国家和地区，加速冷却技术（ACC）在高强度钢广泛应用
1981	在旧金山，巴西 CBMM 第一次主办“铌国际学术会议”
1983	“高强度低合金钢”国际会议在费城召开，会议对高强度低合金钢（HSLA）和微合金化钢（MA）术语是同义词达成共识
1985	在北京，CBMM 赞助 CSM，中国首届“HSLA 钢-冶金与应用”国际学术会议，至 2015 年已连续举办七次会议
1990，1994，2000	在德国、日本、美国，召开三次“IF 钢”国际学术会议
1995	“微合金化’95”国际学术会议在匹兹堡召开
20 世纪八九十年代	在欧洲、美国、日本等国家和地区，在线直接淬火（DQ）技术得到广泛应用
1988，1997，2000，2003	在惠灵顿等地连续召开四次-Thermec 国际学术会议
1998	“冷加工用现代低碳与超低碳薄板钢”国际会议在德国阿亨召开
1998	“钢中微合金化技术”国际学术会议在西班牙圣塞瓦斯蒂安召开，提出 21 世纪技术发展新方向
2001	CBMM-TMS“铌-科学与技术”国际学术会议在奥兰多召开
2002	CBMM-TMA“铌在高温领域的应用”国际会议在巴西阿拉莎召开
2003	CBMM“HTP 高温轧制工艺技术-低碳高铌-X80 管线钢”国际会议在巴西阿拉莎召开
2005	CBMM-TMS“首届含铌微合金化钢在汽车工业的应用”国际会议在巴西阿拉莎召开

铌微合金化技术和铌微合金化钢的研究开发始于 20 世纪 50 年代末和 60 年代初的欧洲、美国、日本等国家和地区，当时是在普碳软钢基础上，降低碳含量并添加铌作为微合金化元素来提高钢的强度和韧性。20 世纪 70 年代中东能源危机促进了以石油天然气长输大口径管线钢为代表的高强度微合金化钢发展和控轧技术开发与应用。20 世纪 80 年代加速冷却技术（ACC）在高强度板带材钢广泛应用，促进了以汽车工业用超低碳钢（ULC）和无间隙原子 IF 钢的发展。20 世纪 90 年代可焊接高强度结构钢厚板等钢材的开发生产，使铌又成为热机械处理工艺（TMCP）和在线直接淬火（DQ）技术等必选的重要微合金元素而广泛使用，从此进一步拓宽了铌微合金化元素的广泛应用，如冷轧板，

尤其 IF 钢、烘烤硬化钢、多相钢、TRIP 钢、低中碳的长型材、非调质钢、齿轮钢、弹簧钢、工模具钢、现代超纯铁素体不锈钢、耐热钢及高温合金等合金结构钢等领域。

上述工业发达国家的铌微/合金化技术的历史和经验，已成为世界保持和激发铌科学技术研究活力的基础，同时也为中国钢铁工业结构调整，发展微合金化技术和含铌钢树立了榜样，提供了宝贵经验和知识。中国从 1979 年 5 月，在北京民族饭店由钢铁研究总院和巴西 CBMM 公司联合举办的“含铌钢技术研讨会”上，才开始接受了国际微合金化技术的理念，逐步从学习、模仿、试验起步，走上微合金化技术发展的道路。

中国铌微合金化发展的历史进程

在新中国成长的 67 年的历史长河中，钢铁工业作为国民经济和国防建设一个重要的基础工业，“钢铁元帅”始终是我国技术创新与经济发展的领头羊。改革开放为中国钢铁工业实现“赶英超美”的梦想插上飞翔的翅膀，从 1996 年起中国的钢铁工业已连续 20 年，钢铁产量位居世界第一。在改革开放 38 年的今天，我国钢铁工业的冶金装备、生产工艺与技术、品种结构与钢材品质已接近或赶上发达国家钢铁工业的水平，创造了世界钢铁工业史的奇迹，为世界瞩目。

1979 年，中国刚刚经历过“文化大革命”的动乱，中国钢铁工业的钢产量才约 3000 万吨。除少量军工用的合金钢和特殊钢外，绝大部分钢材以普通钢 A3 钢为主体，低合金钢的主要品种为建筑用钢筋 20MnSi，铁道用中锰钢轨 U71Mn 和承担多种用途的工程结构用钢板 16Mn 这三大钢种，占低合金钢产量的 95%以上。在钢材质量上，由于上述三大老钢种的成分与工艺几十年不变，不少技术条件和标准的问题长期得不到解决，如 16Mn 钢厚板强度上不去，冲击韧性偏低，特别是低温韧性不足；大直径的 20MnSi 钢筋强度偏低，小尺寸冷弯开裂和脆断问题不断发生，中锰钢轨钢的耐磨和疲劳性能满足不了铁路重载、高速化的要求。如按国际上高强度低合金钢的理念和标准来看，仅有 16Mn 钢勉强可归类于高强度低合金钢范畴。然而，在“文化大革命”动乱期间修订的国家低合金钢标准 YB 13—69 中，却与国际高强度低合金钢降低碳含量发展趋势相反，又曾把 16Mn 钢的碳含量上限提高到 0. 25%，却把强度和伸长率分别降低 2kg 和 2%。标准的降低，使我国整体低合金钢的技术水平也降低到了最低点，基本上没有真正的高强度低合金可言。而在官方（冶金部）的报告中，长时间以来，只讲我国的低合金钢产量和比例如何增长的成绩，却很少对比国际通用的高强度低合金钢的技术理念与差距。

1978 年 3 月“全国科学大会”召开，12 月党中央十一届三中全会召开，解放思想与改革开放的号角吹响了春天的序曲，是中国当代史的一次历史转折。1978 年外经贸部在广州举办首届广州国际贸易博览会，吸引国外众多厂商来到广州。巴西 CBMM 公司总裁卡马戈博士率团参展，期望开辟中国的铌铁市场。然后，他只身一人获得进京的签证来到北京，拜访了中国国际贸易促进会会长王耀庭先生，并由此和冶金部接上联系。之后经冶金部批准，在1979年5月，巴西CBMM公司总裁卡马戈博士再次带领美国和巴西的专家来到北京，和钢铁研究总院在北京民族饭店举办首届“含铌高强度钢技术研讨会”，美国著名的微合金化技术和管线钢专家J. M. Gray博士和Harry Stuert博士向北京钢铁研究总院的工程师们讲解了国外微合金化技术发展的理念和高强度含铌钢技术发展现状，尤其介绍了国外石油天然气输送管道用管线钢技术的发展经验，并赠送了微合金化技术发展具有里程碑意义的，1975年在美国华盛顿举办“*Microalloying* '75”国际微合金化技术研讨会的论文集，由此揭开了中国钢铁工业发展高强度低合金钢与微合金化技术的序幕。开创了从学习、研究，到生产、开发、发展与创新的30多年的历史新篇章。

1979年，在党的十一届三中全会之后，正是在邓小平同志访问美国归来之后，在他老人家的建议和关怀支持下，作为中国改革开放窗口的中国国际信托投资公司（现中国中信集团公司）成立了，一个新型现代化的钢铁企业——宝钢也在国内极大争议中正式开始建设了。当年，邓小平就预言：“历史将证明，建设宝钢是正确的”。宝钢的建设与成长为我国钢铁工业的发展创立了一种开放与创新的新颖模式，带动了中国钢铁工业发展模式的转变。宝钢从欧洲、美国、日本等国家和地区引进的现代化冶金装备和技术，为中国钢铁工业开发和生产高强度低合金钢和铌微合金化钢创造了必要的条件。1985年，宝钢的一期工程特大型炼铁高炉正式投产，1991年6月，宝钢的二期工程顺利投产，为我国钢铁界开创了可为中国的汽车工业和油气输送管道建设用的铌微合金化钢的生产与发展的新格局。

1979~1982年，钢铁研究总院以东涛教授为首的管线钢课题组承担并完成了为宝钢热连轧厂生产含铌X70（低C-Mn-Mo-Nb）管线钢合金设计与工艺的预可行性研究的课题。1983~1984年，该课题组又完成了国家“六五”攻关项目——API X60/X65（低C-Mn-Nb）管线钢联合攻关项目（钢研院、武钢、宝鸡焊管厂）。从最典型的微合金化含铌管线钢研究和生产实践中，中国冶金材料专家学习和领会了微合金化技术的真知，并广泛传播了铌微合金化技术。1984年，国家科委主任方毅，国务院副总理邹家华为首的领导人对微合金化技术高度重视，提出“要大力发展Nb、V、Ti微合金钢”的指示，在“六五”期间，国家科委在上海召开首届“全国合金钢和低合金钢大会”（“六五”攻关），组织了很多有关微合金化技术的研究项目：钢铁研究总院（吴宝榕、东涛、王祖滨、俞兆坤、张广中、章洪涛等），北京科技大学（肖纪美、章守华、崔文宣、孙祖庆、贺信莱等），鞍钢（曹荫之、姚卫熏、贺永康等），武钢（陈贵杰、陈晓、张月新等），攀钢（刘德志等），舞钢（胡得志、杨承模等）一大批单位和专家相继承担“六五”课题，开始研究含V、Nb、Ti的微合金化钢的技术。

但是，在宝钢二期投产前，当时国内钢铁企业的装备和技术基本上都难以满足铌微合金化钢在炼钢纯净化以及热加工控制轧制、控制冷却技术的生产要求，虽然武钢的含铌管线钢X50、X56、X60钢，上钢一厂10MnNb，唐钢09Mn-Nb，包钢的18Mn-Nb（半）有一定生产，但都未形成一定商业规模。而含钒钢的微合金化，基于钒碳化物（VC）是在钢的下奥氏体区析出强化作用的特点，在普通轧机生产热轧长材（如热轧钢筋）可使强度提高，因此，钒微合金化钢棒线材上有很大的发展和应用。而在含铌钢板带材研究项目多限于实验室内的晶粒细化和铌析出物（NbCN）相分析研究的状态。

在20世纪90年代初期，中信人就根据国外发达国家经验和国内钢铁工业发展的实际情况，首先提出“发展铌微合金钢是实现钢铁强国的必由之路”的理念以及遵循市场经济规律，从微合金化技术推广入手，联合钢铁行业的专家共同在中国推广铌科学技术的思路。在宝钢二期正式投产前，1989年底，中信美国钢铁公司（北京）开始和巴西CBMM公司合作，为宝钢、武钢和上海冶金设备厂三家企业签订了第一单进口15吨的铌铁合同，并以国际技术贸易的新模式，以推广铌微合金化技术为先导，开拓中国钢铁潜在的大市场。

为积极配合钢铁工业结构调整，推动含铌钢的技术发展，中信在原冶金工业部全国低合金钢协调组的领导与专家的支持下，于1994年经中信集团公司领导王军、秦晓、秘增信等同志的批准，组建了中信铌钢发展奖励基金，设立了“中信铌钢发展奖”。中信邀请钢铁研究总院东涛等专家一起到多家钢厂宣讲铌微合金化技术，并赠送100~200千克铌铁，指导用铌微处理的方法，先从改善16Mn、20MnSi和U71Mn三个老低合金钢品种的性能做起，再逐步开发生产含铌微合金化钢，很快取得很好的结果，尤其在16Mn的钢板改善性能效果非常突出。到20世纪90年代中期，在16Mn的基础上，武钢开发了铁路大桥钢（14MnNb），上钢三厂、鞍钢、重钢等开发了船舶用钢等36千克级以上的中厚板材，以及首钢、济钢、南钢等陆续开发了15MnNb槽钢，20MnSiNb热轧钢筋等含铌钢，并逐渐在商业上得到推广应用。1997年3月，在国务院邹家华副总理和冶金部刘淇部长的支持下，中信在京城大厦举办了中国首届“中信铌钢发展奖颁奖大会暨含铌钢技术国际研讨会”，冶金部部长刘淇、中信集团公司董事长王军、中国工程院常务副院长王淀佐院士、冶金部副部长吴溪淳等领导出席大会，并为宝钢（管线钢X60/X65）、武钢（14MnNb桥梁钢）、钢研院/上钢三厂（含铌船板钢）、济钢（20MnSiNb）等单位颁奖。由此，中信和钢铁企业的工程师们共同开创了中国含铌钢微合金化技术快速发展的第二篇章。

2001年中信又在中信铌钢发展奖励基金的基础上，组建了“中信微合金化技术中心”。进一步联合中国钢铁工业协会、宝钢、鞍钢、武钢等钢铁组织和企业以及下游产业，如中石油、中国汽车工程学会、一汽、东风等组织和企业的技术领导和北京钢铁研究总院、北京科技大学、东北大学等研究院校的同行们，在巴西CBMM公司的大力合作配合下，邀请国外的知名冶金专家，搭建了一个国际国内铌微合金化技术合作的平台，一起在全国范围进行含铌微合金化钢和微合金化技术推广与开发工作，又增设了“中信铌钢优秀论文奖”“研究生奖学金”和 R&D 含铌钢研究项目等。在这国内外跨部门、跨行业、跨学科，多方“协同发展”的系统工程中，开展了全方位、多元化、多层面技术创新性工作，实施“产学研用”一体化科研课题研发体系，为国产化共同开发了石油天然气西气东输一线、二线管道工程急需的 X80 高等级管线钢，汽车轻量化高强度车体用含铌钢和排气系统，家电/电梯/太阳能热水器用的现代超纯铁素体不锈钢，钢结构（建筑、大桥、机场等）用的高可焊接的高强度中厚板等钢材，不仅推进了中国铌科学技术领域的发展，培养一大批技术人才，更有意义的是推进了铌的应用领域，即钢铁下游产业应用技术的发展，使技术和经济相结合，成功地推动了我国钢铁工业结构调整，带动了中国含铌钢技术的高速发展。由此，中国含铌钢微合金化技术进入高速发展的第三篇章。

我国诸多基础设施建设和工业发展，西气东输管线工程建设，汽车、船舶、铁道、机场、高层建筑钢结构、能源电站等下游行业的快速发展，市场对高性能钢材的需求极大，这些都是含铌微合金化钢的发展动力。伴随中国经济高速发展，在全国同行们的共同努力下，中国含铌钢年产量从 1990 年的年产 3 万吨发展到 2009 年年产量 4000 多万吨；含铌钢品种从几个发展到 400 多个，累计生产 1 亿多吨含铌钢材，这些含铌的高强度低合金钢、铁素体不锈钢、耐热钢及高温合金等材料广泛用于石油天然气管线、海洋平台、汽车、铁道车辆、高层建筑、公铁路大桥、造船、集装箱、工程机械、非晶和磁性材料、航空航天以及铸铁铸钢等工业领域，不仅为国防和经济建设解决了急需的高性能钢材，也大大缩小了中国钢铁工业与发达国家的差距。在钢铁工业辉煌发展的 30 年中，我国微合金化技术和含铌钢生产与我国经济 GDP 和钢铁工业同步发展，铌微合金化是最具代表性的一个技术领域。

2009 年后，国际金融危机引发世界经济大幅度下滑，钢铁企业都面临全面亏损状态，处于去产能、结构优化过程。但是，国内外铌铁市场的价格并没有像其他金属（钒、镍、钼等）大幅度降价，相对维持在稳定的高价位上。一些钢厂为降低生产成本，在维持最低性能前提下，在一些中低端产品中减少或不再添加铌铁，而改用钒铁或钛铁取代铌微合金化。尽管如此，全国铌铁总消耗量却一直维持在 18000 吨的水平。当前，中国经济处于新常态下，国家提出的“中国制造 2025”目标的核心内涵是产品的高品质，市场需要高性能的含铌钢。铌铁稳定的消费量正是由于市场对高性能的含铌钢的需求在不断增长，并有新的含铌钢产品在更广的技术领域逐步发展（如在特殊钢长材、非晶、铸铁铸钢、不锈钢、耐热钢及超导、高温合金等）。理性会帮助人们坚信未来的铌科学技术会继续向前发展，铌金属将会伴随钢铁工业结构优化一路向前。

中国含铌钢技术发展进入稳定发展的第四篇章，即在深入铌科学技术的理论研究基础上，自主创新，不断拓展铌金属更广泛的应用领域，为社会发展和人类造福。

附录 主要著作及论文一览

▶主要著作

[1] 付俊岩，曹荫之，等．八十年代合金钢（译文集）．鞍钢钢研所，1982.

[2] Honeycombe R W K. 钢的显微组织和性能［M］．付俊岩，等译．北京：冶金工业出版社，1985.

[3] 编委会主任付俊岩．铌·科学与技术（Niobium · Science & Technology - Proceedings of the International Symposium Niobium 2001 译文集）．北京：冶金工业出版社，2003.

[4] 孟繁茂，付俊岩．现代含铌不锈钢［M］．北京：冶金工业出版社，2004.

[5] 编委会主任付俊岩．铌·高温合金（Niobium · High Temperature Application - Proceedings of the International Symposium on Niobium for High Temperature Applications 2003 译文集）．北京：冶金工业出版社，2005.

[6] 编委会主任付俊岩．汽车用钢铌微合金化钢板（The First International Symposium on Niobium Microalloyed Sheet Steels for Automotive Applications 译文集）．北京：冶金工业出版社，2006.

[7] 孟繁茂，付俊岩．现代含铌钢长条材［M］．北京：冶金工业出版社，2006.

[8] 编委会主任付俊岩．石油天然气管道工程技术及微合金钢（International Symposium on Microalloyed Steels for the Oil and Gas Industry 译文集）．北京：冶金工业出版社，2007.

[9] ［日］武智弘，等．如何用铌改善钢的性能——含铌钢生产技术．付俊岩，尚成嘉，等译．北京：冶金工业出版社，2007.

[10] 编委会主任付俊岩．铌钢春秋——纪念中国含铌钢技术发展 30 周年［M］．北京：冶金工业出版社，2009.

[11] 编委会名誉主任付俊岩．含铌管线钢的焊接性和耐酸性［M］．北京：冶金工业出版社，2013.

▶主要论文

[1] 付俊岩. 航空用含 Co-12%Cr 马氏体不锈钢-S/SAV 的调研报告. 1979 年 12 月，钢铁研究院（内部资料）.

[2] 付俊岩，宋成懿，等. 1Cr11Co6MoVNbBN 抗蠕变马氏体不锈钢（S/SAV）的性能和显微组织结构的研究. 1980 年 10 月，钢铁研究院（内部资料）. 2009 年刊发于《微合金化技术——纪念中国含铌钢技术发展三十周年特刊》，2009（03&04）：389~399.

[3] 付俊岩，东涛，等. 控轧低 C-Mn-Mo-Nb 针状铁素体钢的性能和显微组织. 第一届形变热处理学术会议（获优秀论文奖），1981 年 10 月. 2009 年刊发于《微合金化技术——纪念中国含铌钢技术发展三十周年特刊》，2009（03&04）：239~246.

[4] 东涛，付俊岩，等. 合金元素对控轧微合金钢特性的影响——高韧性石油天然气输送管线用钢的研究. 1981 年 6 月，钢铁研究院（内部资料）. 2009 年刊发于《微合金化技术——纪念中国含铌钢技术发展三十周年特刊》，2009（03&04）：247~257.

[5] 付俊岩，东涛. 国外石油天然气输送管线用钢 [J]. 焊管通讯，1982，1-2 期连载.

[6] 付俊岩. 微合金钢冶金学的发展. 1983 年，钢铁研究院（内部资料）. 2009 年刊发于《微合金化技术——纪念中国含铌钢技术发展三十周年特刊》，2009（03&04）：79~102.

[7] 付俊岩，DeArdo A J. 连铸低碳微合金化钢热塑性的研究. 1987 年，美国匹兹堡大学（内部资料）. 2009 年刊发于《微合金化技术——纪念中国含铌钢技术发展三十周年特刊》，2009（03&04）：103~117.

[8] 殷为宏，陈秦元，付俊岩，等. 中国铌加工工业和铌制品 [J]. 稀有金属材料与工程，1998（01）：3~10.

[9] 付俊岩. 加快钒氮微合金化研究与新三级螺纹钢筋推广 [N]. 中国冶金报，2000-06-30（002）.

[10] 曹荫之，付俊岩. 中国含钒低、微合金化钢的开发与前景 [J]. 钢铁钒钛，2000（03）：1~11.

[11] 东涛，付俊岩. 微合金化：打开钢铁强国之门的钥匙 [N]. 中国冶金报，2001-05-09（002）.

[12] 东涛，付俊岩. X70 级管线钢国产化中的韧性问题 [C] //中国金属学会. 2001 中国钢铁年会论文集（下卷）. 中国金属学会，2001：5.

[13] 东涛，付俊岩．我国微合金化技术应用和微合金化钢开发的调查［C］//中国金属学会.2001 中国钢铁年会论文集（下卷）．中国金属学会，2001：3.
[14] 东涛，付俊岩．试论我国钢的微合金化发展方向［J］．中国冶金，2002（05）：19~22.
[15] 王祖滨，付俊岩．新世纪初期低合金高强度钢的发展．2002 年 5 月，中信微合金化技术中心（内部资料）．2009 年刊发于《微合金化技术——纪念中国含铌钢技术发展三十周年特刊》，2009（03&04）：118~123.
[16] 孟繁茂，付俊岩．微合金非调质钢的现代进展［N］．世界金属导报，2002-06-25（006）．
[17] 东涛，付俊岩．微铌处理钢的物理冶金.2002 年 8 月，中信微合金化技术中心（内部资料）．2009 年刊发于《微合金化技术——纪念中国含铌钢技术发展三十周年特刊》，2009（03&04）：124~132.
[18] 付俊岩，东涛．世界含铌钢发展趋向［N］．世界金属导报，2003-03-18（006）．
[19] 东涛，付俊岩．工程结构用钢屈强比问题的探讨．铁道用钢研讨会，北京，2003，4.
[20] 付俊岩，东涛．2002 年我国铌微合金化钢发展状况［N］．世界金属导报，2003-05-27（006）．
[21] 侯豁然，杨雄飞，付俊岩．铌微合金化技术在薄板坯连铸连轧生产线上的应用［N］．世界金属导报，2003-11-25（008）．
[22] 付俊岩，东涛．中国开发含铌微合金化钢前景.2003 年 12 月，中信金属（内部资料）．2009 年刊发于《微合金化技术——纪念中国含铌钢技术发展三十周年特刊》，2009（03&04）：113~139.
[23] 东涛，付俊岩．微合金化——现代钢组织细化和性能控制的核心［N］．中国冶金报，2004-04-13（006）．
[24] 东涛，付俊岩．铌/钒微合金化 400MPa Ⅲ级钢筋的生产技术［J］．中国冶金，2004（05）：3~7.
[25] 付俊岩，孟繁茂．汽车工业用含铌钢的技术与发展［J］．汽车工艺与材料，2004（06）：26~31.
[26] 侯豁然，付俊岩．我国铁道车辆用高强度耐大气腐蚀钢的进展［J］．钢铁，2004（06）：71~74.
[27] 东涛，付俊岩．我国铌/钒微合金化 400MPa Ⅲ级钢筋生产技术发展迅速［N］．世界金属导报，2004-07-27（008）．
[28] 刘清友，邓素怀，董瀚，付俊岩，翁宇庆．Nb 在钢中的存在状态对变形诱导铁

素体相变的影响研究 [N]. 世界金属导报，2004-08-31 (008) .
[29] 东涛，付俊岩 . 400MPaⅢ级热轧钢筋的生产 [N]. 世界金属导报，2005-01-25 (008) .
[30] 侯豁然，付俊岩 . 含铌 400MPa 钢筋发展前景看好 [N]. 中国冶金报，2005-04-16 (007) .
[31] 付俊岩 . 发展 Nb 微合金化技术走钢铁工业持续健康发展之路 [N]. 世界金属导报，2005-04-19 (008) .
[32] 付俊岩 . 含铌微合金化钢产品开发现状和未来发展趋势 [N]. 世界金属导报，2005-04-19 (009) .
[33] 王祖滨，付俊岩 . HSLA 钢工艺技术的新进展 [C] //中国金属学会特殊钢分会 . 中国特殊钢年会 2005 论文集 . 中国金属学会特殊钢分会，2005：5.
[34] 付俊岩 . Nb 微合金化技术在特钢长型材中的应用 [C] //中国金属学会特殊钢分会 . 中国特殊钢年会 2005 论文集 . 中国金属学会特殊钢分会，2005：12.
[35] 付俊岩 . Nb 微合金化和含铌钢的发展及技术进步 [J]. 钢铁，2005 (08)：1~6.
[36] 郭爱民，贺信莱，陈颜堂，付俊岩，侯豁然 . 模拟控轧控冷过程含 Nb 超低碳钢的组织演变 [J]. 特殊钢，2005 (06)：42~44.
[37] 东涛，付俊岩 . 我国今后铌微合金化钢研制方向 [N]. 世界金属导报，2005-12-27 (D02) .
[38] 王祖滨，付俊岩 . HSLA 钢冶金工艺技术的进展 [J]. 特殊钢，2006 (02)：1~5.
[39] 付俊岩 . Nb 微合金化和含铌钢的发展技术进步 . 2006 年 8 月，中信微合金化技术中心（内部资料）. 2009 年刊发于《微合金化技术——纪念中国含铌钢技术发展三十周年特刊》，2009 (03&04)：140~146.
[40] 东涛，付俊岩 . 铌微合金化技术的魅力和广阔前景 [N]. 世界金属导报，2006-09-26 (A04) .
[41] 付俊岩 . 汽车工业用含铌钢的技术与发展 [J]. 汽车工艺与材料，2004 (06)：26~31.
[42] 郑磊，付俊岩 . 高等级管线钢的发展现状 [J]. 钢铁，2006 (10)：1~10.
[43] 侯豁然，付俊岩 . 促进特殊钢生产技术发展强化与汽车零部件业衔接 [N]. 世界金属导报，2006-11-28 (A04) .
[44] 杨雄飞，Palmiere E J，付俊岩 . 加工条件对管线钢组织影响的实验研究 [J]. 中国冶金，2007 (05)：39~42.
[45] 陈颜堂，郭爱民，贺信莱，付俊岩 . 回火对铌微合金化 C-Mn 钢的组织及性能影响 [J]. 金属热处理，2007 (06)：27~29.
[46] 付俊岩 . 建筑和桥梁钢结构用钢屈强比问题的探讨 [N]. 世界金属导报，2008-

07-22（012）.

［47］付俊岩．汽车工程用含铌特殊钢技术进步［C］．汽车零部件用特殊钢技术研讨会，2009，3.

［48］付俊岩．汽车零部件用高品质特殊钢技术的最新发展［J］．汽车工程，2009（05）：407~413.

［49］付俊岩．我国高等级管线用钢的研究过程及工业化实践［N］．世界金属导报，2009-07-28（016）.

［50］付俊岩．中国高等级管线用钢的研究及其工业化实践［C］//中国金属学会．第七届（2009）中国钢铁年会论文集（报告与分会场特邀报告）．中国金属学会，2009：23.

［51］尚成嘉，王晓香，刘清友，付俊岩．低碳高铌 X80 管线钢焊接性及工程实践［J］．焊管，2012（12）：11~18.

［52］张永青，付俊岩．高性能工程机械用钢的开发和应用研究［C］//北京卓众文化传媒有限公司《矿业装备》杂志社．大型高效·数字化·绿色环保——第二届露天矿山采矿技术及装备现场研讨会论文集．北京卓众文化传媒有限公司《矿业装备》杂志社，2013：6.

［53］付俊岩．中信人与神奇铌的情缘［M］//我与中信．北京：中信出版社，2014.

［54］王厚昕，郭爱民，付俊岩．Nb 微合金化 TMCP 工艺低合金化结构钢的发展与应用［N］．世界金属导报，2014-10-28（B08）.